傳統的年代，不傳統的老爸

邱珍琬 著

專業諮商師的32堂親職教育

自序

父親以身教誨的親職觀念

去年，我參加一個研習活動，主持人後來要我們依照出生序分組，然後一一訪問不同出生序的人之感受。我身為老大那一組，主持人問我當老大的感受時，我毫無疑問地回答：「獲得的愛很多。」的確，因為是頭胎出生，父母的關注力都在我身上，我單獨享受了幾年無怨無悔的愛。有一回，我看到大弟在啃雞腿，就問父親：「為什麼我沒有？」父親笑道：「以前都是妳一個人吃。」我的感受就好多了，畢竟在我們當時成長的環境中，雞腿是個奢侈品。有一位小學二年級的男孩，也因為妹妹的出生，讓他有被剝奪感，認為母親對他的愛變少了，我將心比心，告訴他我也有過類似的感受，他便釋懷許多。

父母給我們的禮物，最珍貴的就是人格教育與能力的養成，這些都是親職不可旁貸的責任。當然，子女的個性與選擇也有關係。基本上，所有父母都是努力想要將子女教養成有益社會的一分子。我愧為一位學有專長者，深信自己之所以可以有今天，主要是社會的許多資源都挹注在我身上，當然也包括父母的資源，因此我目前能做的就是多回饋給社會，希望可以造成更多「善的循環」。

在寫過一本《親職教育》以及其他教養相關書籍，也做過多場親職演說後，我想到自己許多的親職觀念其實來自於父親的身教，所以決定寫這一本書，同時也對照目前我接觸過的許多親職議題做解析。研究上說：「會反省的父母就是好父母。」我寫的親職教育沒有所謂的「食譜」或精確的作法，而是援用一些實際案例做輔佐說明，我相信每一位家長都是自己的親職專家，只是在教育孩子時偶而會因為彼此的關係而有盲點或是瓶頸，可以藉由他人的經驗來得到啟發與更佳的處理方式。

目次

part.2 待人篇

目次

part.3 處事篇

part.1

品德篇

01

努力

——許多好習慣的養成，光是「師父領進門」還不夠，需要讓孩子持續努力一段時間，讓他／她可以更深入了解箇中滋味。

教書近三十年，我從國中、高中到大學，慢慢學習成為一個更好的教育者。近幾年，我發現大學生生態與以往有很大的差異，必須要調整自己的教學步調與方式，然而我相信許多知能還是要基本功做底，因此不會忽略一些細節與訓練。每回上同一門課，我都希望採用不同的教科書或是家庭作業，因為我不希望自己是「照本宣科」、「固執窠臼」的老師，而是可以隨著時代脈動、學生需求而做改善的教育者。生活中，我也遭遇到許多第一次，而跨越這些「第一次」都是新的體驗與冒險，需要有勇氣願意去探索，接著就需要持續的努力。

對許多學生來說，要踏出第一步不容易，因為他們總是想太多，最後的結論是悲觀的，所以連第一步都很難啟動。像是學生希望可以修復與家人之間的關係，卻只是談談而已，沒有行動跟進，於是我就將其變成家庭作業的一部分，要學生去執行自己的「親密大作戰」計畫，後來他們發表的成果都不錯。有一位高中生，因為想要做一些改變，於是就在高一時自願擔任班代，但是在執行工作的過程中，需要有許多的說服與以身作則，他卻沒有相關經驗，因此往往在被「打槍」之後就退縮，後來甚至因此自信心受到打擊，再也走不出去，這亦是網路新世代孩子的通病——只要一碰到挫折就縮回去。

我老爸說，很多事要試過了才知道，不要輕易打退堂鼓：「第一次當然會害怕，但是要克服這個害怕，就要踏出第一步。」然後他就會要我們持續努力一段時間。剛上小學時，我們沒有排名，所以過了很快樂的兩年，可是升上三年級後，有一天，老師發下成績單，我看到自己是「三十二名」非常得意，揚著那張紙跑回家，還很大聲地向祖父報告：「阿公，我得三十二名耶！」而且很羨慕地說：「有人考六十三名喲！」那時候只知道「數大是美」，根本不懂得名次是什麼意思！後來老爸才告訴我，要開始用功讀書了，也教我怎麼準備考試。

老爸要求我在考試前三天開始準備，也告訴我該注意哪些考試細節，他說：「會寫的先寫，然後再寫比較沒有把握的。交考卷以前要先檢查兩遍。」後來我就會自己規劃讀書時間，一直到大學與研究所時，都是如此。我發現許多的讀書策略或習慣，需要持續練習一段時間之後，再決定要不要保留。我碰到問題時，不會一下子就退縮，因為老爸說：

「凡事都有第一次，如果連第一次都不肯走出去，接下要來怎麼走？」老爸舉了孩子學步的例子，總是先試試看，才會發現走出去後，外面的世界好大。「很多人因為不敢踏出第一步，而看不到美麗的風景。」老爸喜歡去走自己不熟悉的山路，每每探險回來，就會帶我們去看，也順便將他的新發現告訴我們。踏出第一步之後，還要有持續的努力，因此需要花費許多的能量，但是自己曾努力過，就比較不會有遺憾。

老爸很自豪自己文武兼備，事實上，他在課業與體育方面的成就的確不錯。老爸說，祖父是日治時代的臺中一中畢業，因此會期待孩子們至少讀到高中，而我們這一代所擁有的資源比他們那一代好多了，更應該努力，不要辜負天賦。我們在學習許多事務之前，都不會輕易放棄，總是要悶著頭試過了，才會下結論。

小學時，我一直想加入合唱團，但是都不被負責老師青睞，反而加入了儀隊。國中時，我沒有被選入任何社團，只是在作文比賽中嶄露頭角。高中時，我們班就是合唱團，但是我被編入第四部，常常因為人少而被其他部「拉走」，後來老師要我們唱自選曲當作期末考試，我就特別花時間在洗澡時練習，終於登臺唱了第一部的曲子，連老師都驚豔。我從這裡了解到：不怕不會，只怕自己沒試過。破除了這一關的魔咒後，我終於可以抬頭挺胸，恣意唱我喜歡的歌曲了。後來，歌唱也成為我的自娛活動之一，偶而應觀眾要求、上臺獻唱一首，但是我還是習慣把歌唱留給自己。

高中時，我為了加入籃球隊，每天練習投籃超過一百個，後來終於如願進入球隊，但是因為不會防守，打的時間也不長。然而，我很慶幸至少自己試過，而籃球也一直是我喜愛的運動項目。我最自豪的應該是投稿這件事，起初都是被退稿，但是這樣的經驗沒有磨損我的毅力，因為我很清楚自己的寫作實力，後來慢慢有編輯願意看我的稿子，寫作也成為我的一個習慣。

給家長的話

人生有許多的第一次，而孩子的許多第一次都需要家長的協助與示範，但不必凡事都為孩子做，很多時候，「陪伴」與「鼓勵」就已經足夠。許多好習慣的養成，光是「師父領進門」還不夠，需要讓孩子持續努力一段時間，讓他／她可以更深入了解箇中滋味，甚至嘗試了一些失敗與成功經驗，才可以慢慢放手。孩子有時候是因為家長的監視與督促，不得不做個樣子，但即便孩子只是做個樣子，或是怕你／妳失望，都要多多鼓勵與支持，也要和孩子一起努力或練習，如此一來，好習慣的養成就會更容易，更不用說其他重要的能力或事務的學習了。

許多孩子也許在嘗試初期不太有耐心，也不太能看到習慣養成或事務完成後的豐碩成果與好影響，家長們要耐住性子慢慢引導，跟著一起做，孩子只要有一點點的進步，都給予適時與具體的誇獎，甚至帶到孩子的性格上，如「我就知道你／妳辦得到！」或「我相信你／妳是很願意嘗試的。」家長在指導過程中難免會因孩子表現不佳而有挫折，但不要輕易就放棄，孩子看在眼裡，會更了解家長的苦心。當然，如果讓孩子在學習各項能力或活動中，可以感受到樂趣或成就感，驅使他們繼續努力的動力就會更強。

要特別注意的是：不要以成敗論英雄。結果固然重要，但是體會「過程」更重要。至少在親子共同工作或活動的過程中，可以感受到彼此的關係與愛，也會留下珍貴的回憶。

02

自律

——安排一些親子共讀或同樂的活動，孩子習慣了這樣打發時間的方式，就比較不會有網路上癮的情況。

有位學生經常熬夜到凌晨，第二天早上八點的課起不來，後來只修下午的課，作息如故的情況下，上課情況沒有改進，同學擔心他沒上課被點到名，常常用手機提醒或叫醒他，他竟然用三字經回應，後來就沒有人願意提醒他，在大三那一年就被退學。

有位同事的兒子亦同，成天坐在電腦前玩遊戲，後來連研究所都被退學，幸好找到一個與網路有關的工作，才讓父母比較不擔心。網際網路的世界的確吸引人，有同事可以打「憤怒鳥」到凌晨，主要動機就是「過關」的樂趣。

因為要做研究，我常常會熬夜將論文寫到一個段落才休息，後來眼睛也有病變，因此就想到要如何減少「開電腦」的這個「自動化」動作。我先是改變自己回家後的例行動作（先開電腦），改為梳洗與做其他事務，後來真的為自己爭取到許多空閒時間，也少用了眼力。有一位學生因為電腦成癮而來求助，我與他交換心得，鼓勵他試用我的方式，後來他也獲得紓解。其實，許多學生沉迷網路，是因為時間管理的問題，有些加上因為所學非興趣，所以有了逃避的心態。

我們小時候，一起床就要摺被子、收寢具，儘管大家是擠在一張大通鋪上睡覺，但是該有的習慣不能少。月考前三天，老爸要我們開始溫書，還教我們「後考的先讀」，所以我們慢慢養成了準備考試的習慣。老爸也要我們大的帶小的做，「傳承」的意味濃厚。這些自我約束的習慣，不是一天就養成，老爸也是要嘮叨很多次，告訴我們，把東西收好、事情做好，能表示一個人是怎樣的人。

我們手足眾多，有時候碰到大人要我們分

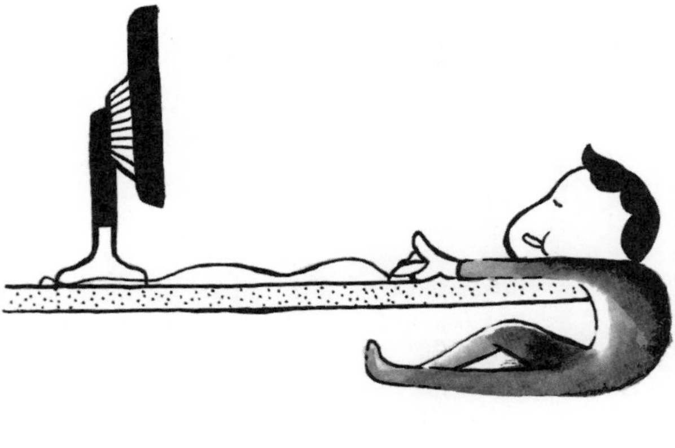

攤工作時，總是會找理由推諉，那時候即便不用處罰的方式，我們最終還是會去做。母親離家之後，我們都要分攤家裡的工作，我就規定每個人要做哪些事：摘菜是二妹，挑菜是大妹，洗菜是小妹，炒菜是大弟，小弟負責洗米，我則是打理打掃與其他瑣碎事務，老爸則是負責買菜。我們無法決定菜色，主要都是看自家菜園裡有什麼就吃什麼，有一回空心菜吃膩了，二妹竟然決定炒蔥，味道真的還不錯，後來我們就比較會變化菜色了。

小弟當時只有九歲，還是貪玩的年紀，由於家裡廚房只有一個水龍頭，前面的姊姊們都要用來洗鍋子或洗菜，於是他告訴小妹：「我在巷口玩，你們用好了，就在門口叫我。」小妹就在大家輪流用完水之後，跑去門口喊小弟回來洗米，通常聽到小弟喊「哦——」不久後就回來了。很難想像一個九歲的孩子竟然可以這麼自律。

小弟的負責與自律，真是從小就可以看見。前幾年，他發現自己體重過重，於是就減食量，即便是珍饈美味在前，竟然也可以淺嚐即止，令我非常佩服。他也在多年以前戒掉了抽菸的習慣，是戒成功之後兩個多月才告訴我的，因為他擔心自己的菸癮會復發。二妹有一陣子曾力行減重計畫，還因此拿回當初註冊減重計畫的兩萬元，也是自律一等。我的自律則表現在寫作與運動上，不喜歡說人八卦，許多答應他人的事都可以如期履行完成。

給家長的話

最近有新聞報導，不少家長自己上網咖，結果餓死孩子的事件，而有人在網咖暴斃也已經不是新聞。在網路無遠弗屆的今天，要逃避其影響力真的不容易，何況是年幼的孩子。許多家長以前是以電視擔任保母，現代的家長則是請電腦或手機替代，孩子自然也會有上癮的危機。絕大部分的家長們平日都會限制孩子使用電腦的時間，但是一到週末假日就解除禁令，加上家長們因為事務繁忙，不一定有空陪孩子，或是讓孩子去運動，倘若又擔心孩子出門危險，最後還是會回到電腦世界。根據統計，一般人一天使用網路時間超過兩小時就容易上癮，因此網路使用的自律部分就要更注意。

網路使用的習慣若是「必要」，當然就不太可能做限制，像是課業上需要找資料，或是工作上的需要。然而，現在的智慧型手機已經將網路延伸到隨身攜帶的程度，要克制自己的確需要費一番大功夫。專家建議，家長們不妨與孩子一起上網，也學會一些網路使用方式與遊戲，這樣可以更清楚孩子在做些什麼，也可以有共同話題來談論；將電腦放置在家裡的公共區域，像是客廳，也是一個不錯的監控方式。其實，最好是帶領孩子養成運動與休閒活動的習慣，週末假日可以與孩子一起去逛書店或遊樂場，親子共讀或同樂，孩子習慣了這樣打發時間的方式，就不容易受到網路的太大影響。

03

誠實

——*家長在處理孩子的事務時，一發現孩子說謊，就會很生氣，可是回過頭來想，正可以用來檢視自己平日的教導是如何，為什麼孩子不能在第一時間就說實話。*

學生跟我提到他的性傾向，我就聽了，後來有同事一直詢問我：「這位學生跟妳很熟，他是不是同性戀？」我說：「我不知道他的性傾向，他也沒有說。」同事當然不相信，後來那位學生也向這位同事出櫃了，同事就問我：「妳是不是知道？」我還是回：「私人的事又不是用來聊天的。」同事說：「妳這個人嘴巴很緊，怪不得他們願意跟妳說。」我其實只是認為對方願意告訴我，主要是相信我，「相信」是很大的力量與信託，我當然不會隨便違反。

我從大學畢業後，剛開始擔任教學工作時，一個月的收入只有兩萬多。有一回，有人來兜售百科全書，那是我一直想要的，只是一下子要拿出幾萬元，對我來說根本不可能，選擇用分期付款，卻需要保證人。當我正在猶豫時，一位教數學的同事走過來，自願當我的保證人。我當時問她：「孫老師，我才來這個學校一個月，妳怎麼願意做我的保證人？」她笑著說：「我相信妳啊！」這個緣分，我們一結就是幾十年，到現在還是很好的朋友。

小學時，我曾經偷過祖母放在木頭牆邊橫桿的零錢，當時認為數目不大，應該不會被發現，可是有一回生病躺在那裡休息的祖母看見了，我就停止了那個偷竊行為。小學六年級時，我無意間在櫃子裡發現一個紫色絨布包，裡面都是新出的五元大硬幣，當時我以為神不知鬼不覺，先是從一個開始偷，後來就更大膽，還會請弟妹們去買食物，然後分給他們。他們當然也問過錢的來路，我自然有很好的答案。然而，錢總有用完的一天，等到絨布袋都空了，我也沒輒了。國中時，有一天我與父親同時站在櫃子前，當時父親就問我一句：「櫃子裡的錢是妳拿的？」我雖然害怕，但還是承認了，這件事就這麼不了了之，父親也不再追究，而我就此不再有任何偷竊的行為。

父親給我的訊息就是：只要我認錯，就沒有關係。我到小學三年級之前的算術（當時不叫作「數學」），都是父親教的，只要有不懂的地方就可以問他。可是等我小學四年級時，有一天老爸蹲在我面前，很抱歉地說：「阿琬，妳的數學我不會了，以後要去問老師。」當時我覺得老爸好笨，而我也開始去問老師有關數學和其他的問題。當然，父親的這個承認「我不行」，讓我懊惱了一陣子，但是後來我發現他的誠實、不偽裝，也成為我的生活座右銘。

我教書的第三年在私立學校，當時班上許多學生都有補習，所以上課時提不起勁，但是有一、兩位學生喜歡挑戰我，通常是我在說明文法的「通則」時，他們就會舉出「例外」的句子來問，有一次我被問倒了，學生就直接嗆說：「妳就是不會！」我坦然承認，而且願意去查閱之後再告知。我當時原以為自己會因此下不了臺，但是我的感覺很輕鬆，這也不妨礙我成為一個更用功的教學者。

誠實讓我可以對得起自己，生活得坦然無掛礙，讓別人可以相信我，我也以這樣的標準來篩選我的朋友，大家相處得非常愉快。

給家長的話

　　沒有家長喜歡孩子說謊，「說謊」的最先動機是為了自己的形象或自我保護，但是最後通常無補於事。家長在處理孩子的事務時，常常當場抓包，一發現孩子說謊，就會很生氣，可是回過頭來想，正可以用來檢視自己平日的教導是如何，為什麼孩子不能在第一時間就說實話。如果孩子知道家長愛面子或是處罰很嚴重，可能就不願意說實話。家長不妨在猜測孩子可能說謊時，先不要動怒，而是說：「我知道你／妳不敢說全部實話的原因，可能是怕我知道，或是怕我生氣處罰你／妳。沒關係，爸爸／媽媽希望你／妳說實話，這一次不會生氣，也不會處罰，而是要讓你／妳知道說實話很重要。」家長當然也要以身作則，要不然一旦被發現一次自己言行不一，孩子就再也不會相信了。

　　說實話或真話，不一定要「直言無諱」，因為有時候會傷害到對方，因此真話「委婉說」也是一門學問。我們的好友，有時候為了顧及情誼，不一定會對我們說實話，有時候我們的敵人或是競爭對手，卻可以毫無忌憚地對我們說真話，他們的目的可能是要傷害我們，但是我們可以藉此好好反省一下，也許敵人說的正是我們亟需改進之處。

讓孩子習慣說實話，也接受別人說真話，這樣就不會覺得尷尬或不適應，也不會損及所謂的「面子」問題。說實話的好處是：不需要用更多的謊言來「圓謊」，不僅讓自己活得無畏無懼，生活也踏實多了。自己不妨檢視一下：當我發現有些話不能對某人說時，之後就會發現有更多話是不能說的。

04

負責

——*要孩子學會負責任，必須要給她／他責任。即使孩子可能會做不好，也不要擔心，放手讓他／她去做，事後再與他／她討論下次怎麼做會更好*

我不會輕易應允自己做不到的事，因為我認為只要答應的事就要做好、做完，不能有任何藉口。雖然有時候可能有一些變數產生，但這些都可以解釋或說明，相信對方可以了解。

去年，我帶領二十幾位大學部學生到附近的一所小學，進行維持一年的「防治霸凌計畫」，從教師訓練、全校宣導、班級輔導、團體與個別諮商，到各種文宣（包括學校危機處理流程、反霸凌宣導手冊）。許多項目必須要在早上七點半之前就到校做好準備，有時候還要趁上課空檔去看學生執行的情況；過程中，我看到學生的投入與辛苦，以及小朋友的反應熱烈。

當初擬定這個計畫，完全是我個人的想法，而號召學生義務投入，也是無給職的服務工作。我思索過執行的可能性與成功率，但是有做總比沒做好，我希望可以為地方做一些事，因此這些細枝末節的考量就不重要了。我最感謝的是我們的義工團隊。雖然，後來我在社區諮商中心申請到一筆錢，但數目不大，許多同學還是持續協助，甚至放棄了微薄的工讀費，做全然的義工。參與霸凌防治學校的行政與教師團隊，為了學生的福祉而全力配合，令人動容，也讓我感激不盡。

每年，我們都要負責系所十幾位學生的專題或論文指導，我都盡力讓學生可以熟悉投稿期刊或論文的寫法，要求學生隔週與我會面、討論進度，但是有少數學生並不是抱持著這樣的態度，反而希望我可以敷衍就敷衍，這全然違反了我的做人與做事原則。我堅持學生必須要改變這樣輕忽的態度，因為他們未來是要為生活遭遇瓶頸或困厄的當事人服務，怎麼可以不正視自己的責任？結果有學生告訴新進的碩一學生，說我要求嚴厲又機車，碩一學生初上我的課時戰戰兢兢，但是到學期中就開始發問：「老師，妳怎麼跟傳說中的不一樣？」我回應說：「我不在乎別人對我的看法，我只做自己應該做的。」有些學生開始去接觸不同年級與大學部的學生，也從他們口中得知我的不同面貌。我很清楚，會跟著我繼續修課的學生，事實上是可以達成我的要求、也願意做努力的，因此反而篩選掉其他「不適當」的學生，也省了我很多事。

老爸說，自己的事要自己去完成，不能夠老是靠別人，因為「靠人人倒」，而老爸常常交付我任務，我也幾乎「使命必達」。我們小時候常常被分派一些任務，像是要出去賣

菜或是糖葫蘆貼補家用，有了冰箱之後，我們也賣過媽媽做的「凍凍果」，一旦要出「任務」，當然就得要完成。在我小學六年級、小弟上幼稚園時，有一次我們必須要賣掉手中的十二根糖葫蘆，小弟在快要放學時，哭著跑來我班上，手上捧著裝糖葫蘆的鋁盤，一根也沒有少，於是我請班上同學幫忙，只要拿了，隔日給錢都可以，小弟才破涕為笑。小時候，也許是擔心被媽媽打或是被大人罵，所以許多事都是勉力為之，也因此我們學會了不輕易放棄。完成工作的感覺很棒，不僅證明了自己有能力做到，更訓練了膽識。

給家長的話

負責是很重要的態度，代表的是一個人可不可信。我接觸過許多家長，都因為擔心孩子做不好，所以沒讓孩子從頭負責到底，而是半途就接手，這樣可能讓孩子覺得「由自己來做」並不重要，因此也不需要為事情負責。有些家長在孩子做事時，在一旁忙著給意見或批判，讓孩子越做越沒有信心，有時候索性就放棄，這也是沒能讓孩子養成負責任的障礙。

孩子不會負責任，就容易遭受質疑，也不容易被交付重要任務，不管是在學校或職場，都會是不被重視的人。在學校裡，有許多團體作業，每個人都要分攤責任。倘若第一次合作，成員中發現有人無法如期完成自己份內的事，下一回要繼續待在同樣的團體裡就會有問題，因為大家都不希望給自己找麻煩。我在大學與研究所裡，看到一些學生被排擠，主要就是因為他們沒有負責的能力，儘管有些同學還是會同情他們，讓他們加入自己的團體，但是次數也有限，最後他們都成了其他同學的「拒絕往來戶」，連老師都無法協助。

要孩子學會負責任，必須要給她／他責任，而不是口中說說或是念叨而已。即使孩子可能會做不好（這是可以預期的），也不要擔心，放手讓他／她去做，事後再與他／她討論下次怎麼做會更好，孩子會在實際的試驗中，體會到事情可以如何完成，以後就不會怯生生地，而願意多多去嘗試與負責了。

05

孝順

——許多家長會以分配家事的方式來訓練孩子，不妨以「輪流」的方式為之，讓每個孩子都可以學會不同的家事技能，也讓孩子可以互相「傳承」做家事的心得。

每個月，我們幾位手足會輪流回花蓮老家去看父親。三位住在臺北的妹妹會讓我先選時間，因為我從南部過去，路程較遠，然後他們才決定回花蓮的日期。若非長假，她們就只能在週五回花蓮，週一北上，我則是只要沒課，事先將一些既定行程排開，就可以回花蓮多待幾天。其實，我們回去的目的，除了探望罹患失智症的老爸之外，還要陪陪照顧父親多年的小弟，畢竟他一個人在花蓮很孤單。直到現在有外傭在，我們才比較放心一些。

小弟在十多年前，事業才剛起步時，就因為父親獨居，還發生車禍，所以馬上結束公司，返鄉照顧老爸。他剛回到家鄉時沒有工作，都是靠自己以前的積蓄過活，也沒有向我們求助，直到後來在小弟做過許多工作都不順遂，且老爸的失智症徵狀嚴重之後，我們才意識到自己的疏忽，開始研商該如何照顧父親。首先是金錢的問題，生活費該如何協助，醫藥費用方面要怎樣分攤，後來請了外傭後要如何支付薪資等等。我們也開始輪流回家探望父親，給小弟喘息的機會與支持，這樣子才慢慢讓生活上了軌道。

這個重大事件，讓我第一次感受到手足眾多的好處，因為可以互相商量、彼此支持，也總會有人願意犧牲自己，成全其他人。當然，我們對小弟感到抱歉，因為他自己咬緊牙關，努力撐了這麼多年，醫療費與生活費還在其次，主要是照顧父親所耗費的心力與精神上的壓力。

六位手足也不是每個人都對父母有同樣的孝順作為，這是人性。老爸與媽媽都很寵愛大弟，不僅媽媽在臺北買房子是登記大弟的名字，貸款卻是我在付，老爸也一樣讓大弟予取予求。有一年春節，我們幾個姊妹好不容易湊了十萬元給老爸當壓歲錢，而老爸竟然當著我們的面，把十萬元的紅包直接拿給大弟：「你不是要買車嗎？」那一天晚上我痛哭失聲：老爸真的太不公平了。

我上大學之後，就開始當家教打工，也開始養大弟。老爸曾寄兩個月的生活費給我，那還是他同事的女兒也讀師大，偶然問起老爸寄多少生活費給我，老爸才說：「我以為讀公費就不必寄生活費。」我後來也沒向老爸要過生活費，都是用家教與投稿的收入來養活自己與大弟。每個月老爸會寄錢給我，要我轉交給大弟，後來大弟只要需錢花用，就會來向我要，我當時沒有任何怨懟，認為本來就應該分攤老爸的辛苦。只是，有時候自己連吃飯錢都沒了，還要借錢給大弟去花用，而大弟可以租一個月八千元的房子，我卻住一學期只需付二百五十元的宿舍，相形之下不免心酸。

後來，我在臺北擔任私校教師，那時離家的媽媽找到我們，也用大弟的名義貸款買了淡水的房子。我努力工作、早出晚歸，大弟卻閒散在家，用老爸給他的補習費去與朋友聚會、彈吉他，有一次還在與朋友通電話時侮辱我，認為我的付出是理所當然的。那一次，讓我決定不再延遲公費出國的事，自己踏上異國的土地。

經過許多年後，我才領悟到：「老爸跟大弟的關係是父子，我跟大弟是姊弟，兩種關係不一樣，父子關係是親情，我不能介入，但姊弟關係可以自己拿捏。而孝順是給自己交代。」有這樣的體悟之後，我的心就開了，後來我也用這句話安慰小弟，因為他是付出最多、受苦最多的，當然也最感受到不公平。

有一天，二叔從臺北南下到花蓮來訪友，小弟看他穿襪子時很吃力，畢竟二叔也八十多歲了，體力不如以往，膝蓋又有問題，所以小弟就蹲下來替二叔穿襪子，二叔竟然感慨地說：「我兒子都不會這樣做。」小弟告訴我這件事，不是要彰顯自己對長輩有多好，而

是他認為那是自己應該做的。我們的父母雖然分道揚鑣幾十年，但是老爸從來沒有要我們「恨」母親，因此我們成年之後，了解到父母不能白首到老，只是「遺憾」，卻不是「世界末日」，他們還是給我們寶貴生命的父母，我們必須尊重。

老爸對祖父通常都是言聽計從，雖然老爸沒有很高的成就，但至少他做得到「好兒子」的最低限度。家裡有吃的，一定是祖父母先用，孩子們也要孝順祖父母，不能頂嘴或做出其他違抗的舉動。有時候我們也會覺得祖父有點無理，但老爸還是悶不吭氣，低頭聽祖父的教訓。小時候的一個週日，我們一家睡在大通鋪上，本來想睡晚一點，不料祖父卻拿著竹篾直接來找老爸：「這麼晚了，還不起床！」老爸還真的被打，但是他也不吭聲，乖乖起床協助家務。我真佩服他的能屈能伸。我們很清楚在母親離家之後，基本上是由祖父和老爸撫養我們長大，兩個大男人要撐起一個家不容易，我們也見識到了男性的陰柔、體貼與刻苦耐勞的能力。

孝順是自己的事，是給自己交代，把自己認為的本分做好，不需要去理會他人做了多少。這是老爸給我的身教。

給家長的話

手足之間難免會因為家長的對待而有不同關係與表現，要孩子們意見都相同是不可能的，更何況每個孩子都有自己的人生與目標。要養成孩子的合作能力不容易，得要常常出一些作業或是在日常生活中教導，讓彼此有互相學習與練習的機會。

許多家長會以分配家事的方式來訓練孩子，但常常是父母規定誰該做些什麼，其實不妨以「輪流」的方式為之，讓每個孩子都可以學會不同的家事技能，也讓孩子可以互相「傳承」做家事的心得（像是剛要接手洗碗工作的人，可以從前一位負責此工作的手足那裡，先學到一些有效的洗碗技巧）。因為不管家事如何輕而易舉，還是有人會認為自己做的比較多或分量較重。家事是「大家的事」，所以都要體驗與學習，才更能同理他人的處境，了解合作的重要性。

當然，要每一位手足都懂得「事親至孝」是不可能的，但至少要讓孩子感受到父母的用心。現代父母多半不是為了養兒防老，或希望孩子以後一定要承歡膝下，但基於一家人血濃於水的關係，還有彼此的榮辱與共，總不希望家裡出現「敗家子」。孩子是最好的觀察家，看到父母的作為，是比說教更具說服力的。人類文化中，常常是疼下一代比上一代多，華人也多是寵愛孩子，常給予許多擁抱，但是又有多少人給自己的長輩或父母擁抱的？在孩子成家立業之後，開始衝刺自己的人生，往往比較少回過頭來看自己的父母。我有時候想：每一個月我去拜訪父母的時間不超過五天，這樣累積起來，一年花在父母身上的時間也不過兩個月而已，真是少得可憐，哪比得上父母當初花時間與心力照顧我們的寶貴時光啊！

06

節儉

——節約的習慣，得從日常生活中開始，即使是小小的一個動作或物資，都可以經由節約的觀點做最好的利用。

外甥的學業成績很好，所以拿到不少圖書禮券。有一回，我去他的書架看，發現許多新書都沒有讀過的樣子，於是問他原因，他說：「不好看。」

「既然不好看，為什麼要買？」我問。

「反正是用禮券買的。」言下之意不是自己出錢。

「好可惜！」我說：「買了卻沒有讀，有點對不起它。」

現在推行環保與電子書，許多學生基本上也不買教科書了，即便需要做導讀的工作，也是影印居多。但我還是習慣讀紙本書，因此很感謝出版社願意贈書，偶而寫推薦序，還可以獲得一本贈書閱讀，真的很歡喜。

學校也鼓勵學生看書，所以只要推薦新書的人，都可以享受第一個閱讀的權利。我在國外進修時，特別喜歡這樣的權利，所以也推薦了不少書。我曾告訴學生：「當你是第一個觸碰這本新書的人，書上都是你的指紋

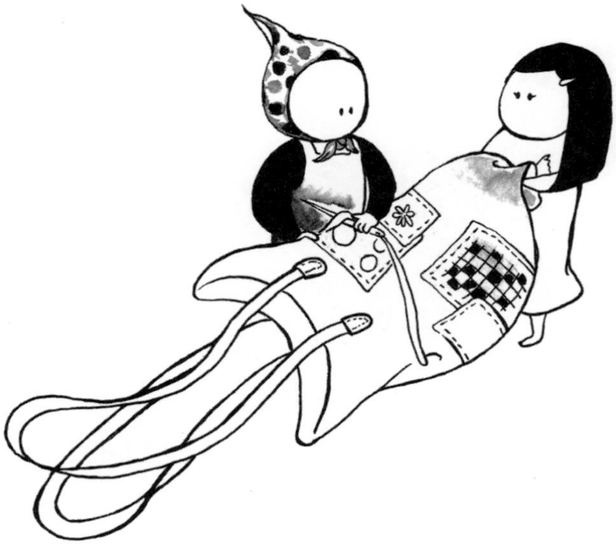

與汗漬，是多麼棒的感覺！」學生只是笑，似乎無法理解我所謂的「快樂」！

學生群中，有不少人力行環保概念，他們以回收紙當作筆記本，讓我很佩服。新聞報導曾說，一天之內，全球會砍掉二十七萬棵樹。因此，我們在使用紙類製品時，更應謹慎節約。

我們手足當中，有幾位的家裡都是倡行環保，而且身體力行。小弟學的是環保，所以執行得最為徹底，他不僅接雨水來使用，家中的廢水也是二度使用；此外，為了省電，他還歷經許多的試驗，終於領悟到使用插頭開關的方式，同時也替我們這幾家購買這樣的延長線。我採用廢水的再度利用，衣物與床單等若是破了，也盡量做修補。有一回，我將使用多年的布包拿去修補，那位修補的師傅有點不屑地說：「拜託，這已經是破布了，不要再補了。」我才終於放棄。除了衣物類，我的鞋子也常常拿去修補，而家中的許多家具或是物件，也都是動手先做修補，除非不行，才請專業人員協助。所以，小從換燈泡、修馬桶、換紗窗，大到防颱工作等家事，我們幾乎都可以上手。因此，當我們看到下一代對於物品的使用非常輕忽時，總是會覺得心痛。

也許因為我們成長的年代，是臺灣經濟從貧窮到富裕的起飛期，因此我們對於物質上的享受不是特別在意，有多的東西會分給別人，更重要的是養成節儉的好習慣。節儉可以讓我們體會物質的可貴，使用起來會更謹慎、珍惜。目前全球有不少人在力行簡單生活，也就是將物質的欲望與需求降到最低。想一想，西非的奈及利亞還有許多人餓死，嬰幼兒因為營養不良而早夭，我們卻流行吃昂貴的自助餐或是「吃到飽」，兩相對照之下，將心比心，會在行動上有所節制。

生活上的節約，反映到心靈上的就是珍惜與感恩，表現在修為、態度上的就是自律與同理，而學習到的豈止是這些而已，還有心理上的平靜。

給家長的話

各級學校幾乎都有環保的教育與行動，但是學生回到家後是不是也可以如此身體力行，還要看家長的作法與要求，如果家長堅持並身體力行，子女們一定會如法炮製。

網路世代的孩子更換手機的速度超快，甚至以手機的汰換做為潮流的先驅與自信的來源，如果全球都是如此，如何讓孩子看見節約的善德呢？不少家長寧可自己委屈、節省，也要讓孩子享受到最新、最好的物質生活，背後雖然是家長的愛與善意，但是也要思考這樣的方式會讓孩子學到什麼。孩子會感激家長嗎？還是學到了「許多事物是理所當然的」？我曾碰到一對中年夫婦為了兒子傷透腦筋，因為兒子就讀私立的貴族中學，同儕之間常常以「炫富」的方式來展現自己的價值，結果所費不貲。家長直到無法負擔時，才緊急來求助，卻因為父母雙方的理念不同（母親不希望孩子養成奢華、不珍惜的惡習，父親卻認為這樣寵孩子無傷大雅），造成對孩子的教養有極大的分歧。這位母親的擔心太遙遠了嗎？還是這位父親展現了他的愛？

父母即使再健康、再長壽，也只能陪孩子一段路，因此絕大多數的家長都希望自己在孩子身邊時，可以養成孩子許多能力，與建設性的習慣及修養，這樣孩子才會有競爭、獨立生活的本錢。節約的習慣，得從日常生活中開始，即使是小小的一個動作或物資，都可以經由節約的觀點做最好的利用。愛惜物力的同時，也替我們的地球盡了世界公民的責任。

07

才能

——許多孩子看到同儕學什麼，就會想要跟進。家長可以事先與孩子約法三章，要孩子為自己的選擇負起責任，那麼他／她就會更用心去學習。

我們家的人幾乎都會自己動手解決家中的一些水電問題，因為我們早已養成了「解決問題」的習慣，還被期許要做很多事。小時候，我曾經參加繪畫、書法與寫作的比賽，後來只選了寫作為興趣，是因為寫作所要耗費的材料費較少，而其他的才藝學習所費不貲。

當年，父親雖然沒有財力讓孩子學習不同的才藝，但是他會配合老師的建議，盡量讓孩子去開拓不同的能力。我上小學三年級時，老師要我每天帶剪報回家，老爸有一次就問我原因，我只知道是老師要我帶回家閱讀的；後來他去請教老師，老師說希望我可以多閱讀，以增進作文能力。於是，老爸就排除萬難替我訂閱了每個月十二塊錢的國語日報，只是為期不長，畢竟報費也是額外的負擔。

那一年，我第一次參加全校作文比賽，題目是「倪瓚的故事」。因為識字不多，因此是看圖寫作文，由老

師將故事敘說一遍，然後給我們時間寫故事，最後我得到首獎。之後，級任老師孫汝文就很用心栽培我。老師說，國語日報每個月都有徵文，只要有佳作，就可以獲贈翻譯的童話書，因此我是為了書而寫作、投稿的。後來，參加的比賽多了，獲得的獎品也更多，最讓我高興的是手錶，我不僅替自己贏得了第一只錶，後來也可以送給其他手足。我的書法也是因為老師的鼓勵而練的，同學們也不會藏拙，彼此互相切磋、改進。班上有位吳姓同學的書法寫得很漂亮，我也會告訴老爸。

國中時，我的字寫得很大，幾乎都占滿格子。國文老師陳碧珍每天拿一張六百格的稿紙給我，第一排是她親筆寫的字，要我每天練習；後來上高中時，一位國中同學去讀北一女，寫信鼓勵我繼續寫作，她的字體非常成熟，於是我以透明紙張放在信紙上，每天練習寫字。經由這些訓練，我才慢慢調整自己的字體。誠如老爸所說：「天底下沒有不會的事，最怕的是連試都沒試過。」

老爸說，他的許多能力都是在學校學的。以前他讀的是日本人開的學校，日本學生跟臺灣學生讀的學校不同，但老師都是日本人。他的學科幾乎都是滿分，老師也很看重他。老爸說，日本教育注重生活與自律，因此在學校學的也要運用在生活上。

大弟的烹飪手藝很好，他從高中時就喜歡弄一些吃的；大妹有很好的創造力，勞作是她的拿手絕活，只是別人不一定有眼光會欣賞；二妹的作文與書法都很棒，也畫得一手好漫畫；小妹喜歡藝文類的物品，寫得一手好字；小弟則是喜愛操作，許多東西都可以修理。另外，我們都有不錯的歌喉，可能源自父母。

我們生長在物質匱乏的年代，每天連溫飽都不容易了，因此老師們建議我們去參加補習或才藝班，簡直是「不可能的任務」，但是因為學校與老爸的要求紮實，自己也下過許多功夫，所以等到需要時都能有所發揮。當然我們的師長們也居功厥偉，他們願意提供資源與機會給我們，不因為我們的貧窮或駑鈍而放棄我們。

給家長的話

現代的孩子競爭對手多，而且遍及海內外。許多家長為了讓孩子有更好的競爭力，不僅栽培孩子的許多能力，甚至送孩子出國讀大學。不少家長會問我：「該不該給孩子學習才藝？」我沒有明確的答案，因為如果逼孩子去學，也許孩子會抱怨，但是若不讓孩子學，孩子長大後可能會埋怨。

有一位家長分享她的心得：「我女兒要學小提琴，我就跟她約法三章。首先她要自己起床，我就會載她去；第二，她要自己找時間練習，如果三個月都沒有很好的進步，我就停掉，不讓她學。我要她學會為自己的事負責。」她女兒到現在還繼續學習。

許多孩子看到同儕學什麼，就會想要跟進。家長們如果經濟能力許可，當然願意花這個錢，只是孩子到底可以持續多久？不妨就像上述這位家長一樣，事先與孩子說明清楚，也要孩子為自己的選擇負起責任，那麼他／她就會更用心去學習，孩子通常也比較願意為自己所選擇的負起責任。

倘若有些能力是家長認為應該讓孩子學會的呢？也許家長自己可以參與學習，不僅能陪伴孩子，了解孩子學習的進度，彼此也會有共同的話題可以討論。坊間有不少的才藝訓練都歡迎家長一起參與，甚至號召有家長陪同者可以有優惠價，業者讓家長積極參與的點子真的很厲害，家長不僅可以了解孩子在學什麼，同時也可以督促孩子的學習，真是一舉數得。

08

創意

——*孩子有許多的創意，雖然這些創意還要經過時間與經驗，才能慢慢成熟為建設性的用途，但是家長不妨多多鼓勵並引導，讓孩子可以參考更多有用的工具書或資源，讓其創意有更大的發揮。*

我們家的孩子在解決問題的同時，也展現了許多的創意，我相信我的寫作也是創意的一種表現。我在備課時，不喜歡用同一本參考書，而是會花許多時間去思考回家作業的內容，學生上我的課時，總是事先猜不透我要做什麼，這也可以維持一種新鮮感。

有時候，閱讀可以讓我有許多的發想，到一個新環境與不同的人對話，也會有新的研究議題或收穫，這正是我偶而希望可以去度個小假的主要原因，因為可以讓自己脫離既定的日常行程，有機會接觸不同的事物。

小時候的生活很單純，但是也很無聊，所以就必須要自己想辦法打發時間。我們很喜歡生活中出現不同的變化，像是颱風天，大人們擔心房屋被吹垮，我們卻特別高興，除了可以放假之外，我們更喜歡在颱風過後去中庭或菜園玩耍，因為可以玩水就是很開心的事。有一回，我很高興颱風來了，是因為可以「在家看電視」，殊不知當時的電力設備不及今日，每逢颱風天就會斷電，所以是空歡喜一場。

當時，冬天若要洗熱水澡，就必須要打柴、升火，很不方便，因此如果碰到豔陽高照的冬日，曬洗澡水就是一件很棒的事。我們最常曬洗澡水是在夏天時，放學回家後，就把家裡可以用的所有盛水容器都拿出來裝水，擺在中庭裡曬水，幾個小時後就可以洗熱呼呼的澡。

大妹是我們家最鬼靈精怪的一個，她凡事不按牌理出牌，而且辯解的理由總讓人噴飯。有一回，她替二妹做勞作，非常辛苦地花了一個晚上時間，將許多火柴盒堆疊成一個存錢筒，卻被二妹的老師打了「丙」的成績。她還創造過一個「半天」

游泳池，在菜園裡花一個週六的時間，與鄰居同儕一起挖洞，好不容易終於成形，鋪上帆布開始「營業」，老爸回家後看到傻眼，因為好好一個菜園全不見了，便要她立即還原。

或許是因為物質生活的貧乏，讓我們可以發揮許多創意，生活也因此變得更豐富。老爸不僅可以容忍我們這些莫名其妙的創意，他自己也很有創意。像是夏天時，為了補充我們的蛋白質，他會在入夜後，帶著瓦斯燈去田裡抓田雞，瓦斯燈的光一照，會讓田雞愣住，老爸就可以順手逮住牠。要是我們想吃些涼的，老爸就會去買一大塊冰塊與一包砂糖回來，自己做冰品給我們解饞與解熱。想打排球卻沒有球網、要打籃球卻沒有籃框，這些都不成問題，因為我們會跟老爸一起思考要用什麼方式來替代，所以我們就有了克難的球網與籃框，球打得一樣興高采烈。

給家長的話

創意要從鼓勵孩子發問及表達意見開始。認知心理學者洪蘭提到閱讀與創意的腦迴路是一樣的。高中會考中，有許多學生都敗在作文上，也許需要好好考慮閱讀課程的重要性，因為閱讀與作文能力成正相關。此外，透過閱讀，可以吸收更多的資訊，在遭遇問題時會有較多的解決方式與想法；閱讀也可以豐富我們的生活。

現在的孩子較喜歡圖畫書，且圖片占比高出文字許多。孩子不喜歡讀文字，與電腦科技及影音媒體有極大的相關性，前者是以圖畫與遊戲取勝，後者常常是看圖說話。臺灣電視較不同的是都有字幕，孩子可以藉此而識字更多、更早，只是後來沒有好好培養成習慣。中年級孩子的數學能力變差，主要出在無法理解應用題意，而解題意的主要關鍵就是中文能力。如果孩子的語文能力太差，慢慢受到影響的科目就更多了，從數學到歷史、地理等皆是，與同儕的差距也會變大。因為學業成就的因素，也會讓孩子對學科學習漸漸失去興趣，影響不可謂不大。

孩子有許多的創意，雖然這些創意還要經過時間與經驗，慢慢成熟為建設性的用途，但是家長不妨多多鼓勵，不要視其為光怪陸離，而是藉由慢慢引導，讓孩子可以參考更多有用的工具書或資源，讓其創意有更大的發揮。

要讓創意發揚光大，閱讀是必要的功課，因此家長應多帶領孩子閱讀，或是定期帶孩子去書店或圖書館消磨時間，發現並深耕閱讀的興趣，相信接下來孩子就可以自己養成閱讀習慣，也能從中獲得許多樂趣。不要只要求孩子閱讀教科書或做評量，家長在引導孩子閱讀的同時，可以跟他們討論、一起發想，這也是很有質感的親子時間。

09

文武雙修

——運動的習慣與技巧，最好可以早一點養成，如果家長可以陪同一起做，當然更好，附加的優點就是可以親子同樂，增進彼此之間的親密感。

從小，老爸就經常與我們一起打球，舉凡羽毛球、排球，我們都可以上手，因為老爸說：「光是會讀書，不會成功；要有強健的體魄，才可以支撐長久。」也因為小時候家庭經濟的大環境，我們沒錢買玩具，所以許多玩具都是自己親手打造，這當然也是老爸的以身示範，像是玩具槍、毽子、沙包等，都可以自製，而且非常有特色。老爸也不會因為我們孩子的性別，而有不同的要求。女孩子可以跟男孩子一樣打球，反而是當時女同學們都很愛玩的一種「紙娃娃」(可以換許多套衣服)，我沒有什麼興趣，後來一位堂姊教我縫布娃娃，完成之後也沒有變成我的最愛，我還是喜歡可以動一動、有創意發揮空間的運動。老爸也鼓勵我們去參加學校的體育隊伍，我是手球隊的一員，打得還不錯，躲避球就有點「枯燥」。我也參加了學校的儀隊，只是儀隊需要借制服，裙子又很短，我不太喜歡這麼「不方便」的穿著，

倒是耍槍還挺有趣的。

每逢週末假日，只要我們沒有跑出去玩，老爸就會擔心。其實我們小時候根本忙得沒空休息，到後面的稻田裡去打棒球、摘野李子或草莓，找蜂蛹烤來吃，甚至夏天時到大河溝游泳，活動琳瑯滿目。我們最喜歡探險的場域就是屋後的稻田，田裡可以抓蚱蜢、釣青蛙，河裡可以釣魚蝦、捉鰻魚，只要是附近有玩伴發起什麼新活動，還怕沒得玩嗎？

我的大妹更是常有突發的創意，也是一個「劍及履及者」，只要在學校學到新玩意，她就會想辦法把它搬回家。有一回，她剛學會單槓，就把家裡的鋤頭柄卸下來，釘在梧桐林裡，結果傍晚時老爸要用鋤頭，發現少了鋤柄，很快就依據家裡孩子的「慣習」找到罪魁禍首。然而，只要有空，老爸就會要我們一起打球，我們不僅學會了技巧，也體會到親情之樂。

老爸讓我們從小就接觸運動，主要是希望我們養成良好的運動習慣，不只可以強健體魄，擁有健康的休閒方式，也可以打發時間，與他人做很好的互動，此外，運動也讓我們有不錯的挫折忍受力，並增加自信。我在治療現場，常常鼓勵家長們讓孩子學習運動技能，許多孩子的過動傾向會減少很多，並有許多建設性的發展，而研究也顯示：會運動的人較少出現情緒上的障礙（如憂鬱症）。

給家長的話

許多家長都將資源放在孩子的課業與才藝的學習上，而才藝大多是靜態的。運動的習慣與技巧，最好可以早一點養成，如果家長可以陪同一起做，當然更好，不需要委託給才藝班或補習班，因為這也是一筆不少的花費，而附加的優點就是可以親子同樂，增進彼此之間的親密感。我們在治療上使用的遊戲治療，現在也讓親子一起參與，效果比單獨讓孩子做遊戲治療更好。

在美國，孩子參加運動項目時，家長都會陪同參與，為孩子加油打氣，而家長也會感謝教練的辛勞。許多男孩子都是在接觸運動項目之後，慢慢發展出自己的信心，而運動選手通常就是人氣最旺的明星。此外，教練通常是男孩子成長過程中很重要的人物，因為許多家長可能疏於陪伴，教練本身就可以發揮替代家長（尤其是父親）的功能，做為孩子的角色典範或依賴對象，後來也延伸有了「大哥哥大姊姊」的陪伴計畫，以年長的來帶領年幼失依的孩子，奧斯卡男演員丹佐華盛頓就是其中一員。

以往的性別刻板印象，較會讓男孩子熟悉運動項目，女孩子似乎不會被這樣要求，但是許多研究已經證實運動對於個人身心健康的助益，有運動習慣的人比較不會有情緒方面（如憂鬱症或焦慮）的障礙，主要是在運動後腦中會分泌一種「腦內啡」的物質，對於情緒的調節非常重要，它可以讓人的情緒較佳，而且這是與生俱來的，不會有上癮的後果。運動可以讓人養成不錯的自律習慣與能力，若與擁有同樣嗜好的人互動，也有健康身心的功能；倘若家人一起做，不僅可以共享同樣的活動，促進彼此的關係，也可以有交談、交流的話題。

10

運動與體能

——現在的家長不一定有時間陪孩子打球或運動，不妨讓孩子多參加學校方面的活動，讓孩子有機會與不同的人互動及合作。

我很喜歡打球，許多球類運動都可以上手，以前還會跟學生一起在球場上競技，增強交流與感情。

高中時，我很想參加學校籃球隊，但是因為身高不夠，一直無法如願。後來，我自己練習投籃，每次總要投進一百顆球才休息，慢慢就有了技能。上大學的第一年開始，我就被選為體育股長，只要學校有運動會，都會被指定參加一些比賽項目，唯獨沒有得到我最想加入的籃球隊青睞，但我還是每天去練習投籃，後來在那裡打球的師大附中學弟們還會邀我加入。他們本來是因為人數不夠，勉強讓我參加，也沒有派人好好防守我，後來我只要有機會就投籃，而且命中率超高，他們才正式邀我一起鬥牛。後來我雖然也打入班隊，但因為防守方面沒有訓練，最後只淪為替補球員，不過這並沒有讓我停止打籃球的習慣。

後來到國外進修時，只要同學會有運動項目，或是要參加國際學生球類比賽，我都是當然的成員。有一回到體育館練球，當時大學部的女校隊也在練球，有兩個女生看到我在練球，竟然跑過來問：「妳是校隊嗎？」我搖頭，他們投以不可置信的眼光，那時我好得意。有一次，臺灣同學打壘球，輪到我打擊時，他們就把「女生打到球才換人，沒有三振出局」的規則改成「她例外，因為她不是女生」，我也不在意這樣的戲謔，因為我還是可以揮棒出擊，有不錯的表現。

手球、排球、羽毛球、籃球、棒球、壘球、鉛球、乒乓球之外，我還練了網球，偶而也踢踢足球，只是不少人認為留學美國的人都會看美式橄欖球，我卻

是一竅不通，因為我認為那種運動的衝撞力道太大，很容易受傷，私底下我稱之為「野蠻運動」。現在，因為眼部疾病，醫生囑咐我不能做劇烈運動，我已經「戒」掉了許多球類運動，現在偶而會去夜市丟丟籃球機，或是騎車與散步，更常做的就是觀看電視上轉播的球賽了。

老爸除了是柔道四段，還會許多球技。我們小時候常常跟老爸一起打排球，幾個人在中庭吆喝、打氣，是很棒的體驗，常常在流過汗後感覺身心舒暢，而這些都是我們很珍惜的成長記憶。老爸說，一個人要會運動，也要會讀書，這樣才是好學生。

我很感謝老爸培養了我們的運動習慣，不僅讓我們可以培育體能、合作能力，有很好的情緒管理技巧、時間管理方式，也讓我們有健康的休閒活動。我後來閱讀有關運動的一些研究文獻，知道運動有許多益處，才了解老爸的用心。如果我們比同儕多一些忍耐與堅忍，較願意接受生命給我們的考驗，這都是拜運動之賜，也是老爸的功勞。

給家長的話

運動可以培養體能與興趣、健康身心、打發時間之外，還可以藉此與人互動、磨練球技，而且可以養成與人合作的能力。現在許多孩子都是獨生子女，除非之前上過安親班，或是家長們留意到孩子的人際關係，否則常常在進入學校之後，因為不懂得與人分享與合作，成為孤獨的個體。我們在大學也發現，越來越多的學生不知道要如何與他人合作，極少數甚至是堅持己見，成為多人排擠的對象，而他們進入職場之後，往往就缺乏與人互動與合作方面的知能。尤其是男同學，較不會與人合作，許多團隊工作都無法正確參與，在校園裡的生活會變得很辛苦。

現在的家長不一定有時間陪孩子打球或運動，不妨讓孩子多參加學校方面的活動，有機會與不同的人互動與合作，況且大家一同參加社團，比較有共同的話題可以交流。我在小學中，發現許多孩童習慣在電腦遊戲中與人交流，但是在現實生活中卻無法將這些玩電腦遊戲的經驗做遷移，所以在與他人互動時，都是以自己玩的電腦遊戲為主軸，無法與其他不玩這些遊戲的同學互動，很自然就無法有知心朋友，甚至連一般的玩伴也沒有，這樣的孩子很容易成為中輟生，因為他們在學習圈裡找不到與自己相似的同儕。

我們都不希望孩子孤單，孤單會讓生活失去許多的樂趣與意義。讓孩子可以培養自信、廣闊交友的便捷之道，就是運動。

part.2
待人篇

11

家人關係

——爭吵不休或彼此沒有情感的父母，讓孩子身心受創最嚴重。只要孩子可以感受到家長其中一位的愛，就不會變壞。

即便我們手足現在各自成家立業，還是心繫家人。我們輪流照顧父母，彼此之間會互相幫忙，誰有什麼事也都會找大家商量。有一回，媽媽在二妹家附近的理髮店洗頭，就跟店家聊起她即將要去日本遊玩，店家也誇獎她的女兒很孝順。後來我去剪頭髮，老闆就跟我說：「妳媽媽很有福氣，女兒們都很孝順。」然後提到她的助理因為父親外遇，不想養父親了。我說，自己的雙親很早就分居，但是爸爸沒有教我們要恨母親，所以我們還是奉養雙親。「你們真是了不起！」老闆說，我道：「我們只是做該做的事。孝順是給自己交代，不是嗎？」

老爸即便在最辛苦的時候也不會放棄孩子，因為他很愛孩子。有一回，老爸覺得自己快要撐不住了，表情很悲苦，但馬上就忍了下來，不想讓我們看見他失望或悲觀的樣子，後來我也告訴他，謝謝他沒有放棄我們。

上大學時，每次收假要回學校時，老爸為了要省回

程的車錢，總是捨不得跟我一起坐計程車，就騎著那輛舊鐵馬亦步亦趨地跟隨。老爸一定會買月臺票陪我上車，然後進車廂裡叮嚀那些他已經囑咐了幾十遍的事情，直到車子要開了，老爸才趕緊下車，而且還隔著車窗一直說話，我都聽不到他在說什麼了，頻頻揮手示意，但他還是持續這麼做，通常在這個時候，我的眼淚就會不由自主地流下來。

怪不得大弟會在自己要回家之前先大肆宣揚，要老爸提早高興，但是要離家回學校時卻偷偷離開，他說：「我最受不了跟老爸離別的場面。」也因為每一個孩子都是這樣長大的，所以我們很珍惜家人的關係。雖然父母之間有許多衝突，手足之間也會有誰看不慣誰，但是我們知道家人是我們最大的寶藏。我們很清楚每個人做到的「孝順」不一樣，而老爸還是會對孩子偏心，但我們現在都慢慢可以理解：爸媽也是凡人，不可能要求他們做到最完美。

老爸從來不會抱怨，只有一次他在電話中對我說：「你們的心都向著妳媽。」因為我們這些孩子最後還是接納了之前棄我們而去的母親。我告訴老爸：「爸，沒有你就沒有我們。」老爸才稍稍釋懷。我想，老爸把這個疑問擱在心裡很久了吧。我們子女不是父母爭戰的戰場，而我們也知道老爸很愛我們，所以他願意忍氣吞聲地承擔一切。

後來，因為親友的欺負，我們在花蓮老家有很多難堪的回憶，讓我們急著想逃離。祖父也因為失智症，常被鄰居餵食發霉或不乾淨的食物而不察。我將祖父帶到臺北投靠二叔，希望遠離那些不人道的是是非非，但老爸認為老家要有人守著，所以就刻苦忍耐，自己留下來，我們怎麼勸他都不聽。後來，老爸出車禍受傷，小弟一人先辭去工作，回花蓮照顧老爸，我們也開始每個月輪流回老家的行動，有人自動擔任聯絡人，也有負責訂票的人，只要有人有事，需要由其他人先代理返花蓮探望老爸，一通電話就可以獲得協助。我在國外輾轉多年後，第一次回家，近鄉情怯，以前不好的回憶也湧上心頭，想到老爸一人孤單對抗那些殘酷的人性，更加不忍。但老爸還是我們的家，沒有老爸就沒有我們。

給家長的話

絕大多數人對於「完整家庭」都有迷思，認為一個家應該盡量保持完整，只是有時現況並非如此，父母也是人，有自己的問題要處理，倘若只是勉強綁在一起，孩子會成為最大的犧牲者。爭吵不休或彼此沒有情感的父母，讓孩子身心受創最嚴重，研究發現：父母「善」離或是其中一方死亡的孩子，比父母仍持續爭吵者，適應更佳。

有些父母因為自身的問題或是想要報復對方，以孩子為武器，在婚姻關係結束之前或之後，刻意醜化對方，企圖離間對方的親子關係，然而子女若是心裡帶著仇恨或傷害，生活會更好過嗎？子女的眼睛是雪亮的，他們不只會聽，也會觀察，有朝一日若子女發現事實並不如父／母所說的，反過來會怨恨父／母，這樣做值得嗎？子女將父母視作天與地，血緣親情的關係切不斷，也毀不了，不明智的父母卻常常把所有相關人士帶入痛苦深淵。

如果家長決定離異，通常都是情非得已，可以好好跟孩子溝通，告訴他們，你們永遠是他們的父母，不會因為離異而不同，好好把自己那一部分的親職做好，不需要浪費時間與心力去醜化另一個人，因為這樣會讓孩子排斥親密關係，甚至害怕異性。研究也發現：只要孩子可以感受到其中一位家長的愛，就不會變壞。單親母親帶孩子，也不要擔心孩子生活中沒有父親角色或功能，會有缺憾，只要延伸家庭中的男性或是學校的男性教師，可以做為父親角色的楷模與替代，就能讓孩子正常發展，單親父親帶孩子亦同。這樣做也不會因為「非完整家庭」而讓親職功能失常。

12

人際關係

——在孩子小時候，要帶他們到公園或其他公共場所，與其他人接觸，這樣他們就會慢慢學習如何與他人互動，同時在家裡也要注意孩子與他人分享及合作的習慣。

在大學畢業後的第二年，同學要求我主辦同學會，於是我廣發英雄帖，全班四十二人有三十五人出席，大家在我淡水的家裡吃喝玩樂，有人說是最成功的一次同學會。我在大學時，沒有跟別人結怨，反而與同學們都可以好好相處。記得大二時，我們班少數的「班草」（男生）有兩位因意見不合而吵架，我還積極介入調和，讓其中一位誤認為我「對他有意思」，我才知道自己「管」太多。

從我進入小學開始，老爸就很關心我在學校的情況，平常會去拜訪老師，也會藉由家長會或是母姊會的參與，去了解孩子的狀況。因此，我在週末時只要提到我要去某處，他幾乎都可以喊出對方同學的姓名，我也常常吃味說，我同學認識我老爸的比認識我的多。一直到我上國中，老爸還是常去學校替我送便當或是送文具，跟我的同學還是很熟。

課業上，老爸要求我們自我負責，對於成績都要一一過目，也會找孩子問學校生活。二妹讀小學三年級時，老爸發現，其他孩子都有朋友到家裡玩，或是有朋友找他出去玩，但這個老四卻沒有，因此他特別去參加母姊會，後來還跟其他媽媽們約定，請她們的孩子到家裡來玩，希望可以為二妹建立起朋友網絡。沒想到那一個週末，約的人都來了，二妹卻躲在房裡不出現，老爸只好做東家，招待小朋友喝汽水、吃糖果，後來小朋友都走了，二妹才走出來斥責老爸：「他們是你同學還是我同學？」老爸當場愣在那裡，不知該如何回答。

家裡兩個男孩子的交友情況比較讓老爸擔心，尤其大弟在高中時曾經因為跟人打架而被迫轉學，讓老爸傷透了腦筋。後來，我發現大弟有一位在北部讀書的朋友，常常會勸誡他，所以我主動聯繫這

位朋友，請他多多關照。這位朋友也很盡心盡力，一直對大弟耳提面命，常常提點他。小弟很海派，也同情弱勢，三教九流的朋友都有，只是偶而會遭受友人欺騙，後來他也學會了如何判斷。

老爸的朋友不多，但是都很真心，對於一些人緣不佳的朋友，他也會特別照顧。我以前常常在週末時去甲同學家。有一回，他告訴我，他在市場碰到甲同學的母親，對方提及我最近很少去他們家了。老爸問我原因，我就說：「她對乙同學很不好，我不喜歡。」女生之間似乎很容易因為彼此關係而吃醋，就像我與甲同學好，就不能跟乙同學好，甲同學還會故意欺負乙同學。老爸聽完後就說：「沒有一個人是什麼都好的，要學會去看別人的優點。」我後來也可以妥善處理甲乙兩位同學的關係。

我在人生的每個階段，都有一些不錯的朋友。許多朋友一交就是一輩子，彼此可以互相提攜、勉勵與警告。至於老爸試圖為她交朋友的二妹，在高中與大學階段也都有交情不錯的朋友，這似乎讓老爸放心了。

給家長的話

「獨學而無友，則孤陋而寡聞。」人際關係是心理健康最重要的指標，絕大多數的心理疾患最受到影響的就是人際關係。而許多家長也都意識到這個議題的重要性。

很久之前，有一位年輕家長來求助。她說，老大剛出生不久就由婆婆帶，一直到孩子快四歲時，夫妻倆才將兒子帶回身邊照顧。因為工作的緣故，將孩子託付在住家附近的托兒所，卻發現孩子嚴重適應不良，每天不是打架，就是搶別人的東西，幼稚園方面甚至希望她將孩子轉走。我便詢問她婆婆帶孩子的模式，她說，婆婆擔心其他孩子髒，所以把兒子保護得很好。但是這也表示她的兒子缺乏與同儕互動的經驗，怪不得孩子會有適應上的問題。我便要她請幼兒園老師將孩子安排坐在一位有人氣的孩子身邊，讓孩子慢慢觀摩學習與他人互動的技能。

孩子在同儕中也會擔心自己被排擠、孤立，有一些孩子只會用「賄賂」（用物品收買）的方式交朋友，但這樣的情誼不會持久。在孩子小時候，要帶他們到公園或其他公共場所，與其他人接觸，這樣他們就會慢慢學習如何與他人互動，同時在家裡也要注意孩子與他人分享及合作的習慣。有時候，家裡有一個以上的孩子，偶而難免會有爭執，家長不必在第一時間就介入，而是先觀察及了解孩子處理事情的方式。若是手足因為搶玩具或分配問題而起爭執，家長可以先把玩具收起來保管，然後告訴他們：「等你們決定好要怎麼玩，再來跟我拿玩具。」孩子自然會研商出可以和平輪流或公平使用玩具的方式。家長太早介入孩子的戰爭，孩子就失去了學習合作與分享的機會。

13

分享

——「分享」其實就是最基本的社交知能，願意分享的人，不僅人際關係較佳，較願意協助他人，心胸較寬闊，生活也較快樂。

有一次，小弟找到不鏽鋼的電鍋，就分別打電話給我們：「我要寄給媽一個，你們那裡要不要？」後來他還陸陸續續寄給朋友，一共買了十二個大電鍋。春節之前，我在電視購物上看到一種產品，收到之後品嚐，覺得味道不錯，於是寄到弟弟妹妹各家去，還在事後問：「那種糖果很貴，可是滿好吃的吧？」直到現在，我們各自成家了，出門買東西時，總會多買一些，這是沿自以往的習慣，自己有多的、好吃、好用的，一定會先想到其他家人。

前陣子，聽到媽說小妹的兒子與他妹妹獨自在家，竟然吃午餐時不會帶妹妹一起出去，還獨自吃完了才返家，我聽了認為簡直不可思議，把這個事件與手足們分享，他們更是驚訝萬分！小妹的反應只是淡淡地說：「唉，小孩子不會想。」我就反駁她一句：「大二了，是小孩子嗎？我們小時候就會了！」我當然也看到不同的教育方式所造成的結果。我便跟小妹提到我們家的人，只要出門看到有好吃的、好用的，總是會把其他人的「份」一起帶回來，這就是「分享」，這樣的習慣到現在依然如故。

記得在我教書的前幾年，常常收到妹妹們給我的新衣服，她們都是在逛街時看到不錯的衣服，不只自己買一件，還會替其他姊妹買，我後來告訴她們：「我不想穿制服。」她們才改變了這個習慣。後來，我發現自己也是這樣做——只要發現好穿的衣服，就會多買幾件不同尺寸的寄給妹妹們。小妹當然也「沿襲」了這樣的傳統，只是她似乎沒有讓自己的孩子學到這些。

小時候，因為物資缺乏，父親就要我們手足互相關照，因此只要有人手裡有多餘的東西，其他手足都可以分享到，有時候甚至自己手邊沒有留，全部都給手足們。我跟小弟相差七歲，所以我上小學一年級時，每天放學後的第一件事，就是從母親手上接過揹弟弟的工作。只要手上有吃的東西，我就會順手遞給背後的小弟，而小弟也會將吃的東西往前遞給我，我們的關係就像是「連體嬰」，直到現在，小弟與我還是會把手中的物品分享給彼此。「分享」是很棒的經驗，可以讓自己在乎的人也共享我們認為的好東西。老爸很強調「公平」與「共享」的原則，我們這些孩子也早就了解「禍福與共」的道理，因此特別會有分享的動作。

我的小外甥女很早就懂得分享，她小時候只要是手中有東西，一定會分給家裡的狗狗們；再長大一點，她還會忍住不兌換自己想要的禮物，而換了哥哥可能喜歡的物品（如「遊戲卡」）。她上小學的第一天，帶回來的鉛筆盒裡都是殘破的文具，阿嬤問她為什麼新買的文具都不見了？

她說：「同學跟我借，我就借啊！」

「但是也不能換舊的回來啊！」阿嬤要她翌日去把自己的東西找回來。

我其實很欣賞小外甥女的分享精神，雖然有一點過頭，但是我相信她明白分享的樂趣，也因此她的朋友很多。

除了物質上的分享，我們也很注重其他的分享。我常常帶小外甥女去淡水河邊看夕陽，當年她才四歲多，我帶她去欣賞淡水的落日，看著火紅夕陽西下，令人震懾，不禁屏息，然後我說：「這麼美麗的夕陽，免費！」隔沒多久，我再帶她去一次，小女生竟然模仿我上一次的口吻說：「美麗的夕陽，免費！」當時，周圍的其他遊客聽見，也都笑了。

只要我手邊有多的東西，常常會送給周遭的學生或朋友，主要理由除了分享，還有一個就是「夠用就好」的理念。像是新的一年開始，許多出版社會送給我年曆或精美的日誌，我就順手分送給他人，有位同事說：「邱老師，妳人好好。」我愣了一下：「不，是我的出版商很好，送給我許多東西。」從分享中，可以與他人共享快樂，這就是很棒的事，更何況是「借花獻佛」呢！

給家長的話

我們從小因為家境的關係，很少有足夠的零食可以吃，父母可以讓我們不餓肚子，就已經功能無量了。在以往經濟拮据的日子，只要有東西都是以「盡量公平」的方式分配，沿用到現在，自然也是如此，因為大家都可以分到（即便分量微薄），養成我們後來對於物質的享受不是很重視，也都懂得分享，只要是自己手中多的或是認為好的，都會帶給其他手足或家人。然而，可能也因為我們這一代是臺灣經濟從貧窮到富裕的過渡期，因此為人父母之後，就捨不得讓孩子像我們一樣受苦，總是竭盡心力去滿足，卻發現孩子將這些視為理所當然，有的甚至不知感激，更不會去珍惜，孩子「無感」、「自私」，更遑論學會分享的意義與智慧。

有人說：「快樂因分享而加倍，痛苦因分享而減半。」孩子願意將自己認為好（吃）的食物與物品（甚至是書），與家人或同儕分享，家長就不必擔心以後孩子沒有朋友，遭遇困境時無人可以求援。「分享」其實就是最基本的社交知能，願意分享的人，不僅人際關係較佳，較願意協助他人，心胸較寬闊，生活也較快樂。當然，「所有權」的觀念也重要，不能為了討好他人卻不顧自己。要讓孩子了解適度「分享」的真諦，還是得由家長們以身作則。

願意分享的行為，也表示自己較能協助弱勢、能夠容忍與接納不同，這是現代人需要學會的基本尊重。自私或是自我中心的孩子，不會與他人分享，因此許多事務都必須獨力為之，有時候甚至求助無門。人類社會是以互助為主，採行相互依賴的群體生活形式。從農業社會開始，我們就是仰賴互助與分享，達到自給給人的目的，更何況是現在呢？分工越精細，就更需要彼此仰賴與互助了。

14

比較

——家長可以做的不是去比較，而是讓孩子看見自己與他人的優點，彼此可以互相學習與成長，孩子會更能同理他人，並接納更多元的意見與族群。

我不喜歡比較，也喜歡生活越低調越好。有一回，我請一位演講者來替研究生做演說，學生將他載到會場時，我也忙著端茶與遞點心給他，他坐下來時問我：「邱老師來了嗎？」我回答：「我就是。」他嚇得趕快起身，我請他再度落座，不必客氣。在許多演講的場合上，我想自己也不是什麼有名人物，都是提早到會場去準備，把該做的事完成。我平日的穿著極為隨性，也沒有名牌或是流行的考量，這樣反而讓我的生活更適意。不比較也不在乎位階或職稱，我比較自在。

有一次回花蓮，我在便利商店門口碰到教書第一年教的學生，他在報出自己的姓名之後說：「老師，妳應該只記得○○○吧！老師最喜歡那位同學。」我端詳著那位學生，腦中開始浮現他青少年時的模樣，但是對於他所說的那一句話明知是誤解的話，卻不知道如何回應。學生可能只看見事情的一面，但再解釋也是枉然，我就沒有多說。其實，他提到的那位學生曾中輟許久，後來回到學校時，學習進度已經落後太多，為了協助他趕上進度，我要求他每天中午到辦公室補課，其他學生可能因此以為我對他有特殊待遇吧。我其實只是盡一己之力，讓學生的學習不落後而已。

後來，我在教學時，都會刻意去記住每一位學生，因為我相信當學生被認得時，他／她會感到高興，也會產生一種信心，同時會更努力學習。直到今天，在路上或是某些場合碰到教過的學生，我都還是認得，甚至可以叫出他的名字。把每一位學生都視為特殊，少去比較優劣，這就是我的作法。

老爸從來不比較孩子們的成就，雖然不免會從老師或別人那裡聽到，但是他不會告訴我們。有一回，二妹回到家，提起白天在學校發生的事：「我們老師說妳是頂呱呱，我是頂溜溜。」她比出小指，表情很沮喪。我們家六個孩子都是讀同一所小學，所以許多老師都知道我們的事。我也不喜歡這樣的比較，因為會讓弟妹們無法伸展。老爸後來知道這件事，就打開手掌告訴二妹：「每個人就像是這隻手的手指頭，雖然長短不齊，但是各有它的用處。」我後來也用這樣的比方來勉勵學生。

小學三年級時，因為學校已經開始有成績排名，老爸要我去結交「功課好」的同學，而我回來告訴老爸：「功課好的要跟功課更好的做朋友，不能跟功課比我差的做朋友，這樣我就沒有朋友了。」老爸從此就沒有再要求我們該交怎樣的朋友，唯一的規則就是不能做壞事。

我們小時候也不可以用學業成績來嘲笑別人，所以我的朋友三教九流都有，每個人都有他／她值得學習的地方。因為老爸會告訴我說：「某某人的數學（或書法）很好，若妳不會，就去請教他／她。」之類的話，況且成績只是反映了當時的學習情況，並不代表永遠。

給家長的話

許多家長會將子女的成就與他人做比較，有時候比較的立基點不同，也很難讓孩子信服。孩子希望自己是父母眼中唯一特殊的，當然也希望可以榮耀家長，只是每個人的能力不同，成就也各異，因此只用單一標準來做比較，實在有失公允。「比較」會讓孩子覺得父母只是把自己當作比較或炫耀的武器，沒有真正的關愛，如果家長沒有思考到這一點，做必要的解釋，孩子可能就有這樣的錯誤認定。

家長可以做的不是去比較，而是讓孩子看見自己與他人的優點，彼此可以互相學習與成長，孩子會更能同理他人，並接納更多元的意見與族群。

臺灣「文憑至上」的形式主義還是根深柢固，許多家長甚至只要孩子「會讀書」就好，但是文憑並不等於能力，況且現在成績好已經不是難事，更重要的是做人做事的道理。有時候看同年齡的大學生，有些孩子還是像小學生那樣無知天真，只知道學校與網路，有些卻已經了解人情世故及應對進退。這些孩子若是步入社會，哪一種比較容易適應或被業主接受？

有些孩子本身的資源較為豐富，所以學習得較多也較好，卻會出現一種傲慢的態度，這樣的「嬌氣」就是進步的最大阻力。這些孩子的態度若不及早做修正，隨著年齡增長，挫折忍受力會變低，倘若遭遇到較大的失敗或不順遂，可能就無法承受或復原。

15

尊重與感謝

——家庭是民主素養最重要的場所，家長願意聆聽孩子，站在孩子的立場去思考與同理，孩子自然也學會尊重他人，願意寬容與接納不同。

前陣子，我聽到一位學生抱怨：「他不尊重我，我為什麼要尊重他？」他認為同學打電話叫他起來去課堂上點名是「不尊重」。

我便問：「他是不希望你被點到名，不是嗎？是怎麼樣的不尊重法？」

他說：「反正他口氣不好。」

我又問：「那麼，你有沒有尊重你自己？」

學生愣了一下：「有啊，我尊重我自己。」

「如果你尊重自己，你會隨便就不去上課，還要別人打電話來關心你嗎？」

他無言了。

「尊重」是要「贏得」的，而不是天生俱來的。我們很容易就感受到他人的不尊重，但是對於自己的不尊重他人卻無感。有一位大二學生，平常見到長輩也不會打招呼，生活習慣極差，有時候長輩們會為了他好而勸他，但是他充耳不聞，加上父母又因為他是獨子而特別寵溺，導致他對待他人的態度也不佳，而他卻只把矛頭指向別人，說別人不尊重他。這讓我聯想到臺北捷運隨機殺人事件的鄭捷，他說要自戕卻沒有勇氣，於是殺人，希望被判死刑，然而當他被換上腳鐐手銬時，卻聲稱「很痛」，我們不禁會問：「那麼當你在捷運上隨機砍人時，不知道被砍的人很痛嗎？」這就是所謂的「無感」——無法同理他人的感受。

我在小學三年級以前，是老爸幫我洗澡的，但是只要碰到「重要部位」，老爸就會轉過頭去，要我自己洗。後來，老爸就說我長大了，已經會自己洗澡，我才開始自己洗澡。國中時，有一次我換衣服時沒有關房門，老爸就提醒我說：「換衣服時要把門關起來。」我才知道要關門。這個就是我後來在家族治療理論中了解的「界限」問題，指的是人與人之間的無形界限。

從小，老爸給我們的身教也是如此，他不會因為要求孩子做些事情而不說感謝的話，像是拿個東西給他，他一定會說「謝謝」，不會因為我們是晚輩而不「認可」我們，所以我們也會以同樣的態度回應，而且變成生活習慣之一。

有些人不尊重別人，其他人會解釋為「高傲」，但我認為是故意欺凌弱小孤單者。我曾經碰過一位鄰居，不回應我的招呼，感覺上他認為自己高高在上、不將他人當一回事，後來我也不會勉強自己先打招呼。在學校常常要搭電梯，我也會發現有些學生或同事「認為」別人「應該」問他／她要去的樓層，並替他／她按，平常當然不是問題，但是偶而興致一來，我會玩一些遊戲，像是在開門時大聲地問：「你／妳是不是忘了什麼？」或是對著為別人服務的人說：「要記得跟他們要『謝謝』！」當然有些人會不好意思，也有人投以異樣的眼光，但是我不以為意，因為這些是基本禮貌。

我們家的人在彼此間都會維持一些基本的禮貌，像是會說「謝謝」、「對不起」或「再見」。有一回我問外甥女：「妳有沒有發現，阿姨跟妳媽、阿嬤之間還是會說『謝謝』？」她點頭。「可是妳哥哥卻視為理所當然？」她就有點尷尬。我便說：「尊重是自己先給自己的，別人才會尊重你／妳。許多我們正在享受的待遇，不要視為『理所當然』，而要懂得感謝。」

小時候，因為家中食指浩繁，老爸一個人的薪水根本不夠用，所以他常常向米店借貸。欠米店的錢，一直到老爸退休之後才還完，老爸常常提起要感謝米店老闆的事，他說：「如果不是他願意體諒，我們家會更難過。」只要我們經過那家米店，老爸都會這樣提醒我們，後來我也學到：即便我們不能回報那些給我們恩惠的人，我們還是可以把這個愛傳輸出去，這樣就可以有善的循環。因為在日常生活中，老爸總是最先說「謝謝」的人，他不會因為自己是爸爸就擺架子，或是認為有身段問題，我們才學會將這些習慣融入生活當中。

我也發現自己很在乎「感謝」這件事。有一次，我將新出版的書送給十幾位研究生，卻沒有得到任何一個感謝的回應，我以為是自己多事，送給了別人不想收的禮物，經過一週之後，我便將這些書「回收」。當我做出這樣的舉動之後，才有學生陸陸續續向我道歉，或是補上感謝的話，其中有一位研究生還不太願意將那本贈書還給我，她說：「我都在上面寫名字了。」我說：「沒關係。」還是堅持把書拿回來。我當然也考慮到學生會怎麼說我，但是我認為「感謝」的功課要及時，倘若受贈人不知感謝，那可能就是我們的教育失敗，或是我們用「熱臉去貼冷屁股」。那時，有一位研二的同學還寫說：「老師，對不起，我忘了提醒學弟妹們要道謝。」我回答：「道謝與否不是你的責任，而是個人的修養。」因為我對人是如此，因此當我發現自己忘了感謝，一定會趕快彌補。當然，如果自己所分享或贈送的禮物，沒有得到對方的感謝，我不免也會猜想：「是不是對方不需要或不想要？」此後也不會再這麼「熱情」對待了。

給家長的話

我曾經在許多堂「生命教育」的課裡問過同學：「你們在家裡說最容易哪些話？是『再見』、『謝謝』、『對不起』，還是『我原諒你』？」通常是「再見」最容易，然後以此類推，只是「再見」也不是這樣說，有些人是以「我走了」、「去學校了」、「我出門了」來代替。

對於關係越親密的人，有些禮貌還是不能省，因為「禮貌」是人際關係的潤滑劑。雖然家長們會認為，自己幫孩子做一些事是「應該的」，何況家人之間太「拘謹」總是不好，但是孩子會將在家裡所學到的運用在家庭之外，所以該有的規矩還是要教，不要讓別人來說嘴，歸咎為家教不良。

在家裡，凡事可先聽聽孩子的意見，這就是最基本的尊重，不要一味要求孩子聽從家長的話，這樣也會影響到孩子往後出家門或進社會時，對於權威人士的感受與反應。許多我見到的大學生，對於權威人士很反感，甚至是為了反對而反對，這都可以追溯到他在家庭與父母或長輩之間的互動情況，多半是不被允許表示意見或被強制壓抑。小時候，若父母不讓他們有機會說出自己的想法，長大之後就不擅於發出自己的聲音，而「隱忍」也會讓人生病。家庭是培養民主素養最重要的場所，家長願意聆聽孩子，站在孩子的立場去思考與同理，孩子自然就學會尊重他人，願意寬容與接納不同。

「尊重」與「感謝」的功課是必要的，因為我們生活在人群裡，總要知道如何與他人應對，好讓自己的生活更適意。「尊重」要從「自重」開始，只有自己願意尊重自己，才可以贏得他人的尊重，如果只單方面要求別人的尊重，根本是無稽之談。我們對待別人的方式，應該就是我們希望被對待的方式。對我們所接收到的善意或善行，甚至是他人建設性的忠告，都要表達接受或感恩。懂得尊重的人，容易贏得他人的尊重與愛；懂得感激的人，人脈很廣且被喜愛。

16
同理心

——如果孩子可以敏銳覺察他人的情緒，他／她自然能夠同理他人的處境與感受，也會伸出援手，人脈自然會拓展開來。

今年，小妹舉家回花蓮過年。她兒子在洗澡前到屋後開瓦斯時，腳不小心踢到鐵板，頓時血流如注，後來家人都過來替他檢查，發現只是傷口大了一些，但不深，便先做了緊急處理。結果小妹哇哇大叫，一面喊著：「可憐的寶貝！」後來竟然帶兒子去掛急診，家人全都傻眼，認為不需要這麼大費周章。這不是家人沒有同理心，而是小妹的同理反應似乎太過了一些。

反觀這位受傷的外甥，平日對於家人的感受幾乎不相聞問，只管自己，家裡有事也不會伸手幫忙，自己有好吃的也不會分享。上一回，他家的浴室突然漏水，污水流滿地，我當時也在那裡，與母親、外甥女就急著解決困境，拿了水桶與抹布趕快行動，而他老兄卻安然自若地看著我們三個女生忙成一團，還自顧自在地玩電腦遊戲，連小他七歲的妹妹都說：「這樣（的反應）很不正常吧？」接著他老兄又來個驚人之舉，竟然直接揹了電腦離開家，去朋友家繼續玩電腦。怪不得外甥女突然有此一問：「阿姨，我在想我會有大嫂嗎？」真是大哉問！

我告訴小妹，我的學生雖然在學業上的表現不及外甥，但是他們「正常」多了，不會這麼沒有同理心。我與友人曾提到，目前年輕人的一項特色就是「自我中心」，比較不會去體會其他人的感受，當然也不容易有「同理心」，卻常常怪罪他人對自己不友善或不體諒，外甥的例子只是突顯了這樣的情況而已。「同理心」應該是與生俱有的人性，孟子不是說過「見孺子將入井」的「不忍人」之心嗎？

有一回，我在川流不息的馬路上，目睹一隻剛被車輾過的幼貓正在為自己的生命做最後的搏鬥，我當下急著找附近的獸醫院，也同時在思考要怎麼幫助牠，後來卻眼見那隻小貓的動作越來越遲緩。我思及自己的無助與無為，也拿這個經驗與學生分享，想要說明的是：自己擔任助人工作，卻有許多的「不能」與「無奈」，這才是令人扼腕之處。即便在事後敘述時，我還是很有情緒。想想看：如果我是這隻小貓，會有多麼痛苦？而我這個旁觀者卻只能束手無策？

我們心輔系的學生通常在進來之初，都懷抱著拯救他人的夢想，但是我們必須先從生活中最基本的習慣與人性開始，培養學生去做敏銳觀察、同理他人的感受，然後才慢慢引入一些專業方面的訓練。「如果你／妳是他／她，你／妳會怎麼做？」就是我們會問學生的問題，倘若我們目睹他人的苦難時無法感同身受，又如何讓對方知道我們了解他／她的情境？同理心也是人際關係最重要的元素，有些人無法「設身處地」為他人著想，去感受他人的感覺與情緒，是無法與他人做有意義的互動的，也注定孤獨。

老爸是一個易感的人，他常常會敘述在生活中遭遇的一些人情世故給我們聽，有時候即便是描述小動物的生活，也會眼中含淚或是鼻頭抽搐，讓我們更能體會當事人的景況。我們看到他的表情或神色，亦會不由自主地抽動鼻頭，潸然淚下。看到別人疼痛，我們的臉孔也會扭曲，這是因為感同身受，因此可以較敏銳地覺察他人的情緒。我很感謝老爸的易感，讓我們承襲了他的這個優勢。我們也明白自己不會做一些傷天害理的事，畢竟我們最不想看到別人痛苦。

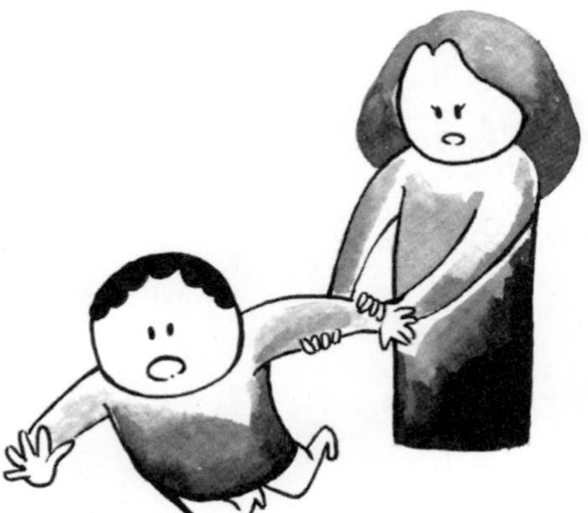

給家長的話

「同理心」是人際關係最重要的能力，而人際關係是身心健康最重要的指標。

先前，高中會考成績公布，許多家長認為不公平，因此走上街頭。會考的錄取標準不是以成績為唯一，還有其他項目，像是作文、服務（包含擔任班級幹部），這樣的設計有其道理，只是要取得所有人的認同並不容易。

我們這些年來看到許多大學或研究所畢業生到社會就業的情況，也發現雇主並不以成績或名校為考量，還要看畢業生個人的性格、與人合作的能力，以及處理事務的態度，因為這些才是職場上最需要的知能。試想：倘若每一位進入臺大的學生都是成績優秀而已，其他的人格與道德修養都不去計較，那麼我們到底是培養了什麼樣的人才到社會上來？而我們的社會將會呈現怎樣的一種情況？教育改革進行了這麼多年，唯一要改變的是家長的「文憑主義」，卻仍遠遠瞠乎其後。

如果孩子可以敏銳覺察他人的情緒，他／她自然能夠同理他人的處境與感受，也會伸出援手，人脈自然會拓展開來。只要孩子有很好的人際關係，將來無論是在學校學習或是社會上工作，都不必擔心他／她會孤單或受人排擠。反觀一些不能同理他人、自我感覺良好的人，未來的路是很艱辛，甚至痛苦的，因為他／她身邊根本沒有朋友。

如果你／妳的孩子在小時候就不太在意他人的感受，或是沒有朋友，做家長的真的就要特別注意了。要適時培養孩子感覺他人感受的能力，而不是就這樣任其發展。可以從平常的生活裡去做機會教育，即便是家長的感覺也都可以跟他／她分享與說明，讓孩子有適當的失敗與成功經驗，偶而也要延宕其滿足（不是事事依從），培養其挫折忍受力，這樣的「有感」才會有較佳的人脈。此外，對他人的感受可以同理的人，生活體驗也較豐富。

17

同情弱勢

——許多家長在抱怨孩子「無感」、「不知感激」時，不妨讓孩子去試試「小善行」，從實際的助人經驗裡可以體會到更多。

我們家的人對於弱勢族群都會慷慨協助，舉凡捐助獎學金或是認養，只要自己能力可及的，都會挽袖相助。我從在美國求學時，就開始認養一些第三世界國家的孤兒或家境貧困、無力就學的孩子，回臺灣後依舊如此。小弟常常將廢棄不用的電腦修繕之後，捐給一些弱勢學生或是機構，並協助維修，他也常常以老爸的名義捐錢給一些社福機構。二妹則是以獎學金方式長期贊助

學生。偶而碰到有重大災難，像是之前的天安門事件、九二一地震、南亞海嘯或日本三一一地震，我們都會有較大的捐款。

只是我們這樣「行有餘力」的行為，有時候並不一定會收到想要的結果。像我們之前幾乎都會將對中的發票加上一些現金寄給一個基金會，但後來發現我們附上的現金與寄回來的收據金額不符，就了解可能是工作人員有失誤，於是就不再寄發票或捐款給該單位，轉而捐助其他機構。

我們願意協助弱勢的精神其實承自老爸。小時候，我們的家境並不好，但是還有人比我們更困苦，所以只要我們告訴老爸，他通常就會要我們有一些行動。像是知道同學有人沒帶便當，我們就被要求帶兩個便當去學校，把其中一個給那位沒飯吃的同學。小學六年級時，坐在我旁邊的男同學，經常沒有吃早餐就來學校，他的午餐飯盒也很寒酸，有時候就

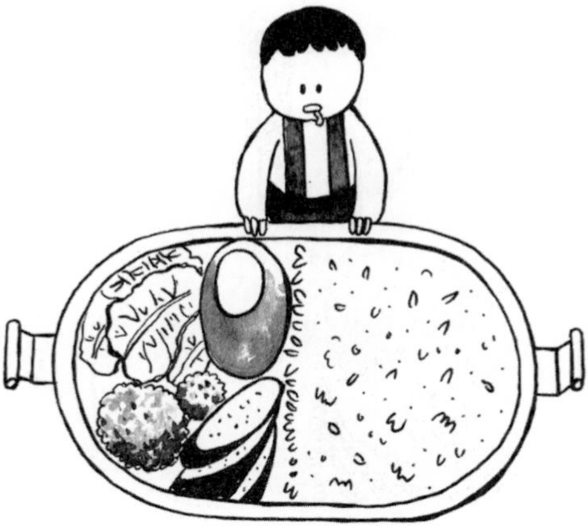

只有帶白飯而已，所以當我告訴老爸這麼一件事，老爸就給我一些買早餐的錢；我會買一塊大餅給他，但是這位同學不收，我只好咬一口，然後告訴他：「我吃不下，請你吃。」他才願意接手。家裡孩子穿過的衣服，老爸也會要我們拿去給附近的鄰居小孩，雖然不是什麼好東西，但是可以彼此幫助度過難關，好好過生活，也是很重要的。老爸說：「我們自己生活過得去，還有人比我們更辛苦。」因此只要「行有餘力」就會協助情況比我們更差的人。

十多年前，系上有一位大四學生家逢巨變，父親罹癌，母親也因為生病自殺身亡，家裡只剩下他一個人，放假也不敢回去，害怕面對空蕩蕩的房子。我們得知這個消息後，就發起全系捐輸的活動，有位老師率先捐出十萬元現金做為學生的急難救助，讓那位學生可以放心辦理父母的後事，也能安心畢業。後來，我思考到萬一以後還是有類似的情況發生該怎麼辦，於是建議系裡將這筆錢存下來，做為以後的急難基金。現在許多學生都是以助學貸款的方式完成學業，但是又因為教育經費短縮許多，校內的工讀機會也被剝奪，我們會留意這樣的學生，適時給予必要的援助。我們都是基於「讀書是好事，不應該因為經濟情況而受阻」，希望協助學生順利完成學業。

我們附近有一些學校沒有輔導老師的配額，雖然他們很希望學生可以去該校實習，順便協助他們的輔導業務，但是因為沒有合格督導，我們都必須婉拒。然而，我認為這樣終究不是最好的解決之道，於是就會進一步去拜訪該學校，看看我們可以協助的地方是什麼。我也會帶學生們到學校去做宣導或輔導工作，因為我們是在地的資源，理應貢獻一些心力。學生永遠是我們最大的後盾，他們任勞任怨，願意機動協助，也透過「做中學」體會到更多的自信，培養更好的能力。

老爸說，每個人都可能會有困難的時候，我們有多餘的就給別人。而帶領學生去其他學校或是支援弱勢族群的活動，不僅能讓學生學習到助人的能力與方式，讓他們覺得自己「有用」，同時看見他人的不足與處境，更會對他人的不同境遇心存感念，真是一舉數得。

給家長的話

不少家長以身作則，帶領孩子去做無酬義工，孩子從身體力行的行動中培養自信，同時也接納不同，更增長了他們的憐憫之心，孩子的心會變得很柔軟。我們每個人都只能過一種生活，但是藉由與其他生命的交會，會讓自己的視野拓展許多，也增厚生命的質感。許多的善舉不需要金錢，透過這些事讓孩子看見不同人的際遇，並付諸實際行動去協助，孩子會變得非常有信心、有能量。許多家長在抱怨孩子「無感」、「不知感激」時，不妨讓孩子去試試「小善行」，從實際的助人經驗裡可以體會到更多。

以前，我常和祖父一起去散步，八十多歲的他還是保有以往的習慣：只要看見路上有石子或鐵絲，一定會彎身下去撿拾。祖父說：「萬一讓人跌倒或摔車了都不好。」這種「將心比心」的舉動影響我們很深，我們家人後來都承襲這樣的習慣，也很容易同理他人，因此不忍刻意傷害他人。

孩子的同理心可以從「為他人設想」的練習開始，並讓孩子去接觸不同的族群。許多家長為孩子做了許多事，不奢求孩子回報，這當然是父母疼惜子女之心，然而還是需要讓孩子理解為什麼這麼做的理由或原因，不是因為簡單的「愛」而已，而是希望孩子學到的是什麼很重要，要不然許多孩子就會將其視為理所當然。

美國有多起子女弒父母的案件，子女們「認為」父母的財產「應該」留給自己，同時嫌父母「活得太久」、「遺產要較晚才能取得」，因此決定採用「便捷之道」去獲得。日本國內年輕一代有許多回家靠父母的「啃老族」，也是理所當然認為自己沒有收入或工作所得不敷使用時，「回家靠父母是應然」。家長總有一天會離開孩子，我們只能陪孩子走一段路，孩子可以獨立自主、活出自己想要的人生，才是天下父母的共同心願，不是嗎？

18 性別教育

——男性在對待女性時，只要去思考希望他人如何對待家中的女性，就可以更有同理心了。

以前我在美國參加同學會的棒球比賽，在打過一輪之後，對手有一位男同學說：「不要把她當女的！」這一句話當然很不客氣，但至少我知道自己是有能力的，不會因為我的性別而受到差別待遇。有一次，我與許多男同學在談國內的政治情況，坐我旁邊的一位男同學突然道：「唉呀，妳是女的！」我還回應：「你現在才發現？」他們認為政治是男性才會聊的話題，女性不應該參與。

我在大學任教時，也發現許多行政主管都是男性，根據研究，男性之所以要有行政職，主要是因為社會期待，還有「權力」的問題，女性不喜歡這樣的權力競爭。在教授「性別平等教育」這門課時，我認為自己就是最好的身教與示範，因此也會注意生活中或課堂上可能的不平等表現。以前在通識課程裡上「性別平等教育」時，有位體育系的男同學常常缺課，也不做回家作業，只是將這門課當作營養學分，當我提醒他這是一門怎樣的課時，他還要賴道：「老師，妳不要想（藉）上一門課就改變世界啦！這個世界就是這樣。」我說：「我就是希望能夠少一個像你這樣的人，世界就會不一樣。」

我的個性中有許多不妥協的部分，特別是碰到不公義的事情時。在職場上或是日常生活中，有人因為我的性別而給予不同對待時，我就不會退讓，這些也都是拜老爸之賜，他從來沒有因為我的性別而貶低我，或是對我另眼看待。雖然老爸在某種程度上還是重視男丁，但是我們子女基本上受到的待遇是很平等的。

老爸是傳統的男性，與媽媽算是相親結婚。老爸很疼媽媽，但後來他發現媽媽有賭博的惡習，一直希望她可以戒除掉。但是事與願違，媽媽還是欠了一大堆賭債並離家出走。以前只要媽媽先挑起爭吵，老爸就是委屈求全的一方。以前，他讓媽媽管理薪資，結果當然是入不敷出，後來老爸就告訴我，他把錢藏在哪裡，有急用時可以拿去用。

我在青春期時，老爸就請附近的表姊來教我「女孩子應該知道的事」，桂芸表姊是學護理的，最能勝任這項工作。桂芸表姊帶我去買內衣、注意生理期的護理，我也將這些知識教給下面的妹妹們。

老爸給我的性別教育是很重要的。他在我小時候負責洗全家的衣服，那時我們沒有洗衣機，老爸就把衣服先浸泡在浴缸裡，然後將洗衣板橫在上頭，一件一件慢慢搓洗，通常要耗上一整個上午。幾乎所有當時女人的工作，他都做了，因此我也不認為女人做「男人的事」有什麼不妥。

雖然他在媽面前，表現得好像是一個懦弱的丈夫，凡事都以「大局為重」來考量，我們卻從他那裡了解到男性也可以有脆弱的一面。此外，他對於「男權至上」的觀點也不明顯，儘管受到祖父的「傳宗接代」觀念影響，他對於子女的教育仍以「培養能力」為宗旨，讓我們可以各自發揮不同的專長。

給家長的話

儘管現在許多家長都說不在乎孩子的性別，但是臺灣文化裡的「男性為大」觀念依然根深柢固，讓許多女性無法發揮自己所長，甚至身心受創。國內倡導性別平權已經多年，但是執行的情況仍不普遍，尤其是政治上或公共場合中的性別不平權，甚至不公義都依然存在。男性還是享受權力的一方，許多男性對待女性是非常威權及鄙視的，如何讓男性可以為對方著想、感受對方的感受，是很重要的，要不然他們就學不會尊重其他的性別（包含異性、同性或性傾向不同者）。男性在對待女性時，只要去思考希望他人如何對待家中的女性，就可以更有同理心了。

在男女平權之外，不管彼此關係如何親密，人際關係中有所謂的「界限」要遵守，這個界限是心理上的，不一定是實質的。孩子大概在小學三年級時，可能就會在房門口貼上「內有惡犬，請勿進入」的字樣，孩子也不喜歡家長在沒有知會的情況下，去翻他們的私人物品，這都是在維護個人的「界限」，因此家長要適當尊重與維護孩子的隱私權。相反的，孩子也不能隨意進出家長的房間，家長亦要保有自己的隱私。我們的身體是最後一道防線，因此被侵犯時，也等於喪失了自我與自尊，是很嚴重的事。

孩子在父母彼此的對待中學習如何對待別人、與他人相處、建立親密關係。許多家暴家庭裡的孩子，男性在長大之後容易成為加害者，女性則是成為受害者，倘若家長可以思考到這樣的後果，應該較能善待彼此。

19

非暴力

——若家長希望孩子「長自己」，就需要及早做適當的練習或訓練，我們不是要孩子「強辯」或「硬拗」，而是培養他們表達想法與感受的重要能力。

有一回，我與同事去餐廳吃飯，要停車時一直找不到適當的車位，於是同事就決定將車停在兩戶房子中間，這樣就不會擋住該戶的汽車進出。但是其中一戶出來一位老人家，硬是要我們把車開走，同事說：「馬路是公共用地，不是私人停車場。」老人家竟然作勢要拿鐵棍敲車子，同事更加氣憤，氣氛真是劍拔弩張。我急忙將同事拉開：「我們去停其他地方好了！」我當時真的被這個情況給嚇到了。

後來我思考這個事件，才發現自己是很不喜歡爭吵的人，也許是因為小時候常常目睹父母爭吵的結果。在教學現場，我偶而會因為學生的不受教而有情緒，只是我還是不會輕易動怒，因為我不相信氣憤之下會做出好的決定或行動。

我在小時候打過一次架。那時我還在讀小學四年級，巷口的鄰居家有個長我兩歲的女生，雖然讀不同學

校，卻是同年級。小弟小時候每每經過巷口要回家，若是碰到她，她就會用言語奚落或是以行動戲弄小弟，小弟向我報告不下十次，我也警告過對方「不要造次」，但是她依然故我。有一個週末，小弟哭著跑回家，我便決定做一次「徹底的解決」，因此邀她出來談判。

當時我只有一百三十八公分，這位阿菊的身材比我壯碩多了，身高也將近一百六十公分，如果打架，我鐵定會輸。然而，之前的論理與妥協效果不佳，這次談判時對方的態度也很惡劣，不承認自己做過那些事，自然也不會承認錯誤，我們終於「一言不合」打了起來。我當時個子小，頭髮被狠狠抓住，身上立即出現傷痕，可是我就是不放手，我要她「給我一個交代」。

我忘了當時的戰況多麼「慘烈」，後來因為時近中午，阿菊的母親喊她回家吃飯，於是她有「休兵再戰」的打算，我不願意妥協，她就急了。我想到她天地不怕，就怕她母親，於是說：「妳要道歉，從此不再欺負我弟弟！」繼續扭打一陣子之後，她終於首肯：「好啦！」我再強調一次：「說了就算話，要不然下一次我告訴妳媽媽！」於是我和阿菊就一起說：「一、二、三！」同時放手。我再次確認她答應會遵守約定後，她就一溜煙跑回去了，連丟在一邊的拖鞋也忘了穿，我後來還把她的拖鞋扔到屋頂上，她第二天自然得來找我要。那天打完架後，當然要跟老爸報備，免得對方家長找來時老爸摸不著頭緒，老爸還是那句老話：「不要跟別人起爭執。」

阿菊果然是信守承諾的人，她自此不再欺負小弟，而更好玩的是，她會來請教我功課，我後來就以這個為籌碼，警告她不可以再霸凌小弟，結果我們還成為好友。阿菊後來告訴我：「我以為功課好的人都很驕傲。」所以她才會找小弟這位比較沒有能力反擊的人來欺負。我告訴阿菊：「功課好不好，不會影響我們交朋友，反而是行為不好的才會。」她同意我的看法。

平常生活裡，老爸表現得像女人，他不敢跟媽媽直接吵架，只是一直勸說，吵完架後還會去討好媽媽。有時候，媽媽還會找「娘家部隊」的人來支援，我印象最深刻的就是那時當小學老師的四舅，穿著雨鞋就直接走上木板床威脅老爸，連我都覺得老爸是「孬種」。事後，老爸還是跟我說：「我是柔道四段，一出手就會有人受傷。」所以他就不動手。但在我看來也就是「藉口」。

老爸的「忍讓為國」不一定有好結果。像是對門老是欺負我們的鄰居親戚，動輒找我們的麻煩，比如老爸在掃地，他們就會說：「天下紅雨了。」甚至故意扔碎玻璃到我們家，讓家人差點受傷。我們孩子則學會反抗，儘管這有違父祖的教誨，但還是要變通，不能一味退讓忍耐。父親的非暴力行為，讓我學習到的是「不在氣憤之下行動」，因為容易讓情緒主宰了一切，甚至做出讓自己後悔的事。但「非暴力」並不表示「不行動」，相反地，我會盡力去解決問題，也做對的事。

給家長的話

「忍讓」是傳統文化的一種，主要是因為集體生活之故，希望維持人際之間的和平，但這種維持和平的方式，代價有時真的太高了。

我們做家長的，常常要孩子「大讓小」，雖然這也是很好的教育，卻忽略了孩子的心情，有時候可能是小的太張狂了，才會惹得大的受不了，因此一味要「大讓小」，真的很不合情理，最好的處理方式是先分別讓他們敘說自己的理由，然後從中理解與判斷，才可能做更好的裁決。心理學上也提到，手足之間是最早也最久的「同儕關係」，因此除了「分工」的訓練，也需要「合作」的經驗，這樣才可以培養孩子與他人合作、妥協或堅持自己立場的能力。

許多孩子一味忍讓，久了他人會認為他／她沒有自己的立場或意見，以後有重要事務也不會尊重或諮詢他

／她，孩子因此就被直接或間接地排擠在外；有些孩子會誤以為忍讓代表著承認自己不對，或覺得受委屈也不敢說，在需要站穩自己立場或位置的重要時刻，會遭遇許多的阻撓。若家長希望孩子「長自己」，就需要及早做適當的練習或訓練，我們不是要教孩子「強辯」或「硬拗」，而是培養他們表達想法與感受的重要能力。

何時該忍？何時該挺身而出？不是容易養成的智慧。當家長願意坐下來與孩子討論，而沒有先入為主的觀點或偏見，真正傾聽孩子心裡所想與真實感受，孩子體會到家長的真心與意願，就更有勇氣表達自己不一樣的想法。

20

幽默

——*教會孩子從不同的角度看事情，能讓他／她學會許多解決問題的可能性、不同面向的思考方式，以及更寬廣的容忍度。*

有一次，我進電梯前，電梯門突然關起來，我說：「我可不要用這種方式減肥！」一起坐電梯的同事都笑了，說：「妳講話很好玩。」有人說幽默要從「自嘲」開始，的確也是。當一個人不在乎自己的缺點，能夠把它當成笑點，那麼與他人互動就會有較多的火花與詼諧。我們家的人也是如此，不會把事情看得太嚴重，有時候換一種方式來看，情況就會有所轉圜。

外甥女說，她很喜歡我們家的人，因為很幽默、很快樂。我也贊成這個說法。

自我有記憶以來，老爸都是借貸度日，以前的公務員生活很清苦，何況家裡還有兩老與六個孩子，每張嘴都嗷嗷待哺。可是儘管如此，老爸很少有憂愁的表情，總是會抽時間跟我們一起打球、開玩笑。每個週日早上，是老爸手洗衣服的時間。他常常一邊唱歌、一邊洗衣，渾厚的嗓音穿過林野，連後面的住家都聽得見。

老爸有他自己的幽默。小弟五、六歲時，常常被我們差遣去跟老爸要零用錢。這一天，我們知道老爸昨天熬夜算統計的東西，精神與情緒都不是很好，但是小孩子嘴饞，還是叫小弟去「拗」零用錢。小弟先是站在老爸的桌子旁邊，等他注意到，才說：「爸，給我錢。」老爸就說自己正在忙，叫小弟出去玩；小弟看這招無效，於是就開始大力在原地踏步，有點耍賴地說：「爸，給我錢啦！」老爸這回不理會了，逕自忙手上的公務，小弟於是走到客廳中央，坐在地上大聲哭鬧。忍受了一陣子的老爸終於有動靜，他起身，經過小弟，來到客廳前門的中庭，抬頭望向天空，然後走回小弟面前，蹲下來，說：「外面沒有下雨，你的眼睛怎麼會下雨呢？」他拿出五毛錢要給小弟，但小弟不收，接著老爸就一一打開小弟拳起的手指，把五毛錢硬幣放入小弟掌心，再將小弟的手指一一闔上，拍拍他的肩說：「好了，出去玩了！」小弟一躍而起，涕泗全收，高興地迎向在門外觀看的我們。有一回，我不知為了什麼事在哭，老爸竟然對我說：「妳哭的樣子很難看，不要哭了。」我還回他一句：「哭有好看的嗎？」老爸就閉嘴了。

沒有母親在身邊的日子，雖然常常被親友及鄰居恥笑，但是只要手足們聚在一起，我們就會彈吉他、唱歌。我們都有來自父母的好歌喉，也謝謝大弟將民歌帶進我們家，所以只要大家興致一來，就可以邊彈邊唱。這也讓我們了解，只要能苦中作樂，生命就不悲涼。有一回下雨天時，我們六個人在合唱，結果對面的嬸嬸酸溜溜地說：「沒娘的孩子有什麼好高興的？」當時我們都愣了一下，後來更起勁地拉開嗓門大聲唱，因為我們知道沒有人可以剝奪我們快樂的權利。

老爸在單親養育六個孩子的艱苦環境下，還不忘快樂與幽默，他的身教讓我們度過了許多辛苦的時光。因此，我在美國進修時，雖然經歷了許多的第一次與適應上面的挑戰，卻可以從中發現許多樂趣與解決方式，讓我在美國的求學生活很愉快。像有一天傍晚，我從學校獨自走回住處，穿過校園時，正好灑水機突然開啟，向我噴來，我一下子就全身溼透，正好對

面走來一位帥哥，目睹這一幕，臉上的表情很難形容，我便問道：「要沖澡嗎？」（Need a shower?）對方也很機智，馬上回一句：「不，謝了！妳自己享受吧！」（No, thanks. You enjoy it!）我告訴朋友這一段經驗，他們都嘖嘖稱奇。

老爸的幽默也教會我如何在困境中求生存。在美國時，我常常被誤認為是中國人，甚至問我「一胎化」的問題，我就會回應：「我來自自由中國，不清楚一胎化的問題。」有人說我講英文有「腔調」，我也回敬她：「妳說中文來聽聽看。」還有人直接喊我是「有色人種」（colored people），我就回一句：「白色不也是一種顏色？」（Isn't white a color?）幽默也讓我能輕易化解別人的尷尬。有一次，一位剛認識的同學對我說：「我喜歡泰國食物。」我便回應：「我也喜歡泰國食物，也許有機會妳可以嚐嚐臺灣食物。」同學馬上向我道歉。我想，即便別人不了解，也要給人臺階下，這是不錯的國民外交。

給家長的話

有人說現代的孩子是新世代的網路族，許多事都經不起考驗。也許是因為這一代的家長自己本身也是苦過來的，所以不忍心讓孩子受苦，呵護得太好，孩子就禁不起考驗。然而，許多能力與基本功還是需要經過苦練才可以獲得，因為天底下沒有白吃的午餐。另一方面，即便有時候情境不能改變，我們還是可以轉換一下心態或是看事情的角度，縱使無法改變結果，給人的感受也可能不同，「幽默」就是這種能力。

我們的許多感受與行動，是受到自己對事物的認知與信仰所左右，如果我們認為某件事不可行，可能連嘗試的行動都不會有，在情緒上也會認為很艱難，不容易達成。有個著名的「非洲賣鞋」故事，業務員甲說：「無法做生意，因為非洲人不穿鞋。」業務員乙說：「情況大好，因為非洲人沒有鞋穿。」還有一則「牛奶海」的故事，小女孩要從冰箱裡取出牛奶，卻不小心摔破了牛奶瓶，母親趕到現場，沒有先責備孩子，而是說：「好漂亮的牛奶海呀！」與女兒一起欣賞一陣子之後，才動手收拾善後。

我們常說一個人的個性至少有兩個面向。如果說某人固執的同時，另一方面也表示他／她「有原則」；某人很衝動，另一方面也是「很有行動力」。教會孩子從不同的角度看事情，能讓他／她學會許多解決問題的可能性、不同面向的思考方式，以及更寬廣的容忍度，他／她也因此比較能夠容納不同的意見，成為一個有智慧的人。「幽默」協助我們從不同的觀點看世界，可以讓視野更寬廣，也讓孩子更有人氣。

21

以和爲貴

——讓孩子學會「隱忍」與「挺身而出」都是重要的課題，「隱忍」讓孩子知道「控制衝動」，「挺身而出」讓孩子懂得為自己發聲，為自己或他人爭取該有的權益。

我不喜歡與他人起衝突，但是必要時，衝突也是一種溝通的方式。有時候，隱忍並不能解決問題，反而會讓對方以為我們是「軟土深掘」（臺語），好欺負，也讓正義不得伸張。

我曾經負責系上的一個社區諮商中心的運作，當時我認為屏東地處南部，資源缺乏，因此本系身為地方上的助人專業資源，理應為地方人士謀福利，所以就與當時的一些同事合作，成立中心。因為人手不足，我就請其他系上的老師義務提供服務時數，如果沒有個案，就在辦公室接聽諮詢電話。有一回，中心助理問我：「某某老師想要在值班時接她的教友的求助電話，不知道可不可以？」我回應：「值班時間是給社區居民的，如果某某老師要接教友的電話，她可以另訂時間，在自己的研究室接。」後來有學生就傳說這個老師「很怕我」，因為我「很兇」，我也不以為意，只是認為「公事公辦」，自己沒有做錯的地方，所以要堅持做對的事。當然，有些人不喜歡直接衝突，卻用迂迴的方式攻擊他人，我認為這也不是光明正大的行為。

我剛進這個系所服務時，有位老教授邀請了一位國外的教授來為碩士班學生演說。我那一天正好有空，就走進去聽，老教授一看到我就說：「太好了！我們的新老師，妳是留美回來的，可以擔任口譯嗎？」我老實回應：「口譯要有證照，我可不可以『大意譯』？」演說兩個多小時，我就在現場幫忙。後來這個消息傳到其他同事耳中，認為我是新手「被欺負」，替我抱不平，我卻認為「同事以後還要相處」，不認為自己被霸凌。隔天，同事與我一起搭電梯要去系辦，在某一樓層，那位老教授進來了，電梯裡的氛圍突然之間變得很奇怪。老教授按了自己要去的樓層，卻馬上說：「啊，按錯了！」我回應道：「對呀，我也常常這樣。」同事後來還問我：「為什麼要理他？」我說，我不在意先前那件事。

後來，我知道這位教授常常是「孤獨一匹狼」，在同事間的人際關係不佳，但我認為自己與這位老師的關係不應該被先入為主的偏見影響，因此我見到他時都會友善打招呼，或與他分享一些生活心得或好吃的食物。有一回，我看到他拿棗子來跟同事們分享。同事們在驚訝之餘，也發現他的改變。這位老師退休時，我們為他辦了一個餐會，當時他還堅持要與我拍合照。

以和為貴的老爸，在我眼裡是不折不扣的「怕太太俱樂部」會員。每次他跟媽媽吵架輸了，就會強調：「我會柔道，不可以隨便出手，別人會受傷。」但是我從來沒看過他展現實力。祖父也是堅持「以和為貴」的處世方式，儘管叔公一家不善待我們，甚至欺壓、污衊我們，祖父還是要我們「忍耐」。後來，母親離家出走，留下六個嗷嗷待哺的孩子，隔壁親戚持續的莫名欺凌，更讓我們孰不可忍。只是祖父還是要我們退讓，不與他人起衝突。

我們雖然從父祖那裡知道以和為貴，但是也會知所判斷，不是以「假性和諧」作結。該討公道的，我們不會退縮。尤其是家裡有三個孩子擔任教職工作，特別容易碰到許多弱勢或不公義的情況，我們也學會了弄清楚重要性與優先秩序，不會隨意妥協的態度。

給家長的話

華人圈喜歡與他人維持和平關係，不喜歡起衝突，但是這樣常常犧牲了真誠對待，有時候也讓威權、強勢的一方更得寸進尺。人際關係很重要，但需要做適當的平衡。「以和為貴」固然是美德，但不必犧牲更重要的公理與正義，若是為了不與人起衝突，卻付出太多太大的代價，這更不能服人。讓孩子學會「隱忍」與「挺身而出」都是重要的課題，「隱忍」讓孩子知道「控制衝動」，「挺身而出」讓孩子懂得為自己發聲，為自己或他人爭取該有的權益。

臺灣人的「家族」觀念還是根深柢固，雖然維持了和諧，卻限制了許多個人的自由，固然「以大局為重」是應該的，但不應該一味如此，甚至是為了彼此的「假」和諧而抹煞了做「對」的事。

許多孩子希望在同儕中有人氣，不喜歡孤單，因此會以送禮或是委屈的方式，與他人維繫情誼，但這樣的作法不一定能夠贏得真正的友誼，有時候還成為被關係霸凌的對象。家長們可以讓孩子知道，與他人互動要以真誠為之，倘若需要用收買的方式獲得情誼，這樣的關係不會長久；如果擔心孩子可能會沒有朋友或被霸凌，就要進一步了解孩子的個性，知悉孩子的交遊情況，必要時予以協助，這樣才不會讓孩子成為一個「不得罪人」、卻無法表現真正自己的人。

22

以直道待之，可也

——對待他人的方式，就是我們希望被對待的方式，倘若他人對我不友善，我不需要惡言相向或委屈求全，只要把他當成一般人來對待就可以了。

老爸不會口出惡言，即便在母親離家之後，他承受許多莫名的壓力，其中還包括一些三姑六婆的閒言閒語及冷嘲熱諷，他都沒有回應。但我們是孩子，在這些惡毒言語與不友善的對待下，身心飽受煎熬。老爸說：「別人家要怎麼說我們，是他們的事，我們不是這樣，就不必擔心。」也就是不要「對號入座」。

有一回，隔壁的嬸嬸來向我借書，雖然他們對我們很不友善，但是我基本上不會拒絕她，心想她不是那麼壞心眼的人。不過，當她抽出福洛桑的《愛的飢渴》時，我解釋道：「這不是言情小說。」她竟憤而離去，還加一句：「會讀書就自以為了不起。」隔天，我就聽到她與同住的妯娌往我們這邊罵：「三八！」以前她們爆粗口時，都會讓我很生氣，但這回不一樣了。我反省自己並不三八，又何必生氣？這就是我學會「不對號入座」的經過。

但是，我也不希望自己像老爸那樣委屈求全，而是學習孔子所說的：「以直道待之，可也。」對待他人的方式，就是我們希望被對待的方式，倘若他人對我不友善，我不需要惡言相向或委屈求全，只要把他當成一般人來對待就可以了。

我接觸過許多所小學，師長們從中年級就開始發現學生之間的霸凌情況很嚴重，特別是言語上的嘲諷與欺負，尤其是女生，因為注重人際關係，卻因為霸凌而被孤立，身心劇烈受創。

人際霸凌包含：為某人取他／她不喜歡的綽號；取笑某人的外型或行為，對其說髒話或貶意的言詞；故意孤立某人，慫恿他人不跟某人玩或做朋友；刻意散布不實謠言，破壞某人的形象或人際關係；以電腦媒體方式散播，刻意讓某人出糗。延伸到職場上，除了人際霸凌之外，可能就有性霸凌（包括因為性別或性別行為、不同性取向等而受到欺負），在上位者也常常利用自己的權勢，而逼迫下屬做一些不想做的事。

人際之間的傷害很容易造成情緒上的疾病，像是憂鬱、焦慮。我很難想像為什麼彼此間沒有利害關係的人，常常要欺負對方，做些損人不利己的行為？難道這些欺負人的人，一定要藉由貶低或傷害他人，才可以展現自己的權力與自信嗎？這未免也太可悲了。

我發現，不需要以德報怨，也不必以眼還眼，只要用正當的對待方式就可以了，這樣

反而行得正，坐得穩。我上傳統市場買菜時，有攤販老闆跟我說：「很少人像妳一樣會說『請』，大家都很直接。」我解釋說：「謝謝妳賣菜給我，要不然我也不能買。」這就是所謂的「直道」。

給家長的話

孩子遭受到霸凌時，因為擔心後果會更嚴重，不一定會跟父母說，尤其是有些霸凌者還會威脅要對其家人不利；此外，即便家長出面解決，情況可能會更糟，因為最終還是孩子本身在學校面對這些欺凌行為。不少家長也曾遭遇過霸凌，甚至自己就是霸凌者，認為霸凌是成長過程中的一部分，沒什麼了不起，因此很難去想像霸凌可能帶來的影響。

鄰近日韓等國，已有許多中學生因為同儕霸凌而懼學、拒學，或是因此罹患心理疾病，更嚴重的會自殺與殺人（如美國校園槍擊案）。因為那種每天必須面對的可怕經驗，會讓人身心嚴重受創，有些負面效應甚至會延伸到長大成人以後。

對於孩子在學校會遭遇的許多情況，可以預先告知與提防，並教孩子一些可能的因應之道。孩子在學校需要朋友，最怕的是他人刻意孤立自己（所謂的「關係霸凌」），會讓孩子生不如死。不少家長們也在職場上遭受過霸凌，不妨思考一下因應的方式是否有效？如果你的孩子也遭遇了同樣的情況，自己是不是更能感同身受？如果家長曾經是霸凌者，想想你的孩子若遭受霸凌是多麼難受的事。倘若家長曾經是被霸凌者，你會希望類似的悲劇延續下去嗎？

家長若懷疑孩子遭受霸凌或欺負，要先找孩子與老師了解情況，然後共思對策，不要一時衝動衝去加害者家裡或找加害者理論，何況防堵霸凌是全國性、全地區與全校性的工作，大家責無旁貸。

part.3
處事篇

23

好奇與好問

——「好奇」就會「好問」，想要知道答案。
如果老師不喜歡我們問問題，就學習自己去找答案。

路過一家商店時，若我很好奇裡面賣的是什麼，就走進去看，有時候看到新奇的物品，還會詢問老闆一些問題。許多年前，我在德州一家超市看到仙人掌，很好奇它怎麼會出現在這裡，於是就詢問店員該如何烹飪，他也很詳細地解說。

有一天，我在小妹家浴室發現一件事，於是指給外甥女看。「妳看這塊肥皂，怎麼會變成白白混濁的？」那是前一陣子我使用的一塊「香茅皂」，怎麼隔一段時間就變成這副模樣？

小外甥女也看了一眼，說：「真的耶！」

「好奇怪，為什麼會這樣？」我問。

「不知道！」她聳聳肩就走開了，留下我一個人在那裡納悶。

以前父親會回答我所提出的任何問題，即便我的問題很無厘頭，他還是會很有耐心地聽完，然後問我：「妳

認為呢？」我就會把我的想法說出來。像我就問過：「雞是女生，鴨是男生，那麼鵝是女生還是男生？」後來學到雞兔同籠，還問老爸說：「為什麼要把牠們關在一起？分開就好啦！」老爸去臺中出差，要從花蓮穿過中央山脈，我就說：「直線不是最短的距離嗎？為什麼不坐潛水艇去就好了？」老爸不會壓抑我的好奇心，甚至有時候會與我共同討論「為什麼」。

我的小學老師們大多數也是鼓勵「好問」的學生，因此小學生涯非常快樂。但是升上國中二年級之後，我碰到一位女數學老師，常常在剛上課時就出數學題目考我們，有一回，她出了一道「工時問題」：「有工人２人……」因為她的字跡潦草，我就舉手問：「老師，是『工人二人』還是『工人工人』？」老師回過頭瞪著我說：「是工人還是二人，妳都不知道，妳是豬啊？」我從那一刻起就變豬了，對數學完全燃不起興趣；老爸只知道我自傲的數學退步了，但是不知道原因，我想如果他知道了，一定也會很氣憤吧。我後來當然明白是自己「選擇」變豬的，自己選擇放棄了數學。因此，在我站上講臺、擔任教學工作後，就以此為戒，絕不輕易打壓學生的好奇心，因為好奇是學習最基本的動力。

「好奇」就會「好問」，想要知道答案。我的「好問」習慣從國中開始一直被打壓，到了大學時，情況更糟糕，許多老師根本就認為「發問」是「挑戰權威」的表現。但這一回我學乖了，知道「此路若不通，就另闢蹊徑」，於是開始學會自己去找答案。直到去美國留學，在第一堂課上，我依然保持緘默，後來是大鬍子老師嚴厲警告：「問問題是學生的權利。沒有聰明或笨問題，問題就是問題！」才再度重燃了我對於「發問」的熱忱，也恢復了好奇本色。

博士班的畢業口試那一天，我與一位研修生化的朋友同日口試，兩人都通過之後，我受邀到他家共進晚餐。餐後，那位同學提議：「我們針對自己完成學位寫一句心得吧！」他寫的是：「我才知道自己知道得這麼少。」我寫的是：「原來我不了解的這麼多！」真是「異口同聲」啊！是啊，每一個人的能力與時間有限，而宇宙萬物又這麼紛雜多樣，我們怎麼不會好奇呢？

我在上課時，也秉持著「好問」的習慣。我不只希望學生可以自由問問題，也會反問他們。我不擔心學生的挑戰，反而認為這就是所謂的「教學相長」。不習慣的同學會認為上我的課壓力很大，但是願意鼓起勇氣問問題的同學，通常也是收穫最多的學生。曾經一位成績非常優秀，又積極參與活動的同學跟我說：「老師，妳不是鼓勵我們問問題嗎？妳說問問題是學生的權利，可是我們上某一堂課，我只是很單純地問老師問題，老師竟然惱羞成怒，我這樣做錯了嗎？」我只能告訴她：每位老師有自己的教學風格與禁忌，有時候並不能接受學生好問，不過這正好也給我們學習的機會，如果老師不喜歡我們問問題，就學習自己去找答案。

我在美國的房東太太，對於許多事物也懷抱著好奇心。有一回，我與她一起開車出門，行經一段路，她突然停下車來。原來附近有人在工作，馬路中間還挖了一個洞，她於是趨前探頭，與洞裡面的工作人員對話，非常有趣。我想，所謂的「活到老，學到老」，也需要強烈的好奇心驅使。如果每天都做一些例行公事，甚至對於可能發生的新鮮事物不感興趣，生活應該十分貧乏與無味。我很感謝老爸容許我問許多問題，讓我對於生命中的許多事物持續懷抱著好奇心，也因此拓展了許多生命經驗與視野，將每一天都過得很充實。

給家長的話

孩子會問問題是很正常的，因為他們對這個世界還很陌生，想要多加了解。但家長因為年紀與經驗，或許經歷太多，或是日常事務太繁忙，較少與孩子接觸，或每天花時間與孩子相處，自然也不太會鼓勵孩子保持好奇心，並協助其尋找答案。很多年以前，我在臺鐵列車上，後座是一位母親與五、六歲左右的小男孩，小男孩靠著窗邊坐，對外面的景物很好奇，問：「為什麼電線桿一直往後走？」「船為什麼會浮在海面上？」母親似乎很有耐心地一一回應，但是後來可能孩子問題問多了，母親不耐煩，就叫孩子閉嘴，小男生就此噤口不言，沒有再發問，我當時覺得孩子好委屈。

此外，也有許多孩子對於問題通常是以「不知道」來對應，有時候連想都沒想就回答：「我怎麼會知道？」讓我們不禁懷疑：「他們年紀這麼小，就對於許多事物沒有好奇心了嗎?」

我的許多學生也跟我分享以往被打壓的學習經驗,讓她們因此「恨」某位老師或科目,與我小時候的情況雷同。原本「學習」是很有趣的一件事,卻因為教師的不適任或是過度期待,而「壞」了孩子的學習「胃口」。孩子的好奇心很容易被壓制,就如同現在許多小學老師問我:「小朋友的學習動機很低,該怎麼辦?」我思及現在的學子,每天除了上課,就是去補習或安親班,或是在電腦前打發時間,根本沒有多餘的時間去思考,玩一些好玩或創意的遊戲。孩子因為在安親班或補習班上過課,在學校的課堂上根本無心學習,有的還會搗亂,讓老師們非常頭痛。有一位單親父親為了孩子,就把電視機賣了,雖然家裡還是有電腦,但是有規定使用時間。他說,這樣是為了讓家人有時間聚在一起,同時也讓孩子感受到家長的愛。我覺得這位父親很了不起,因為他堅持做對孩子有益的事,而且努力去完成,同時也犧牲了自己的娛樂,要做到這種地步,真是不容易。

CH24

公平

——孩子有爭端時，要讓雙方都有機會說出自己「那方」的故事，家長在充分了解之後，再做適當的仲裁，不要以「大讓小」為唯一標準。

從我開始教書以來，就沒有收受過學生或家長的贈禮，因為我知道這樣對其他沒送禮的學生不公平。有一位在菜市場擺攤的學生家長就說：「我沒有什麼可以送，只是送妳一點我賣的菜也不行嗎？」我還是婉拒了，因為還有學生家長連菜都沒得送呢！若是我收下了，會不會讓這些無法送禮的家長覺得自己更不如人，無法為自己的孩子爭取更多老師的青睞與關心？因此，為了公平起見，我不收受任何家長或學生的贈禮。我自己也曾經是窮人家的孩子，但是老師們從來沒有因為我的家境而對我有不公平的待遇，因此我很感激他們願意不以身家論處遇的公平態度。

我的評分也盡量透明而公平。我會在開學第一天就讓學生知道我的評分標準與要求，也跟學生商議並調整百分比的比重，每交完一次作業的次週，學生就會收到作業的回覆，我也體諒有些學生資質不足，但是他們永遠有機會「重做」（re-do），以爭取更好的成績；如果學生願意多費功夫、多爭取一些成績，我也有「加分」一項，以為額外作業的紅利。這就是我所謂的公平。

我父親是一介公務員，我們家沒有富有過。每到秋天橘子盛產的季節，老爸偶而會買兩顆橘子，一顆是給祖父母的，另一顆就要分給六個孩子。我們常常在父親撥開橘子之前禱告，希望這顆橘子有十二瓣，這樣子每個人才可以分到兩瓣，倘若這顆橘子只有十一瓣或十瓣，就必須有其他的解決方式。老爸通常不會直接要我們「大的讓小的」，

而是用「猜拳」（猜贏的多吃）或是「輪流」（下一回輪誰多吃）的方式來解決。過年發壓歲錢時，老爸也要我們一字排開，先從老大這一頭發下去，然後第二輪反過來從老么那裡開始，同時，他也不會收我們的壓歲錢做為他用。

我們有這樣的身教在前，自然懂得運用到其他生活面向上，像是一雙溜冰鞋每個人輪流溜，要吃的東西分成同樣的等分（除非有人不吃就可以讓出來）。因此，我們家的孩子都很清楚「公平」的重要性，盡可能維持公平。「公平」就是平等對待、不徇私，認可每一個人都有同樣的機會。這個「公平」的延伸就是「公理正義」，也因此只要我們目睹不公，不僅會為自己的權益挺身而出，也會極力爭取他人的權利，維護正義。

小時候，我唯一一次被父親用竹掃帚鞭打小腿肚，是因為我們這些孩子在未經大人的准許之下，擅自拆開客人送來給祖父的禮物。當時祖父是警察局督察，常常有人來請託，但是為了職務與公平起見，祖父都不收禮，擔心禮品底下暗藏玄機，會有其他的物品，因此我們犯了大忌，才遭到父親的懲罰。

父親以前負責許多鄉鎮的水利工程，常常要出差，但是他一律婉拒廠商的招待，寧可借住在親戚或朋友家，也因此多年之後，那個鄉鎮的人看到老爸，還是會感謝他監督工程的效率與不貪污，讓他們可以享受工程的便利成果。

老爸說：「我們不欠人，也不希望別人欠我們。」這種不徇私的風範與做事態度，深深影響著我們這些孩子。

給家長的話

即便只生一個孩子，孩子還是會有不公平的感覺（像是媽媽愛我比爸爸多），何況是家裡有一個以上的孩子。雖然人世間本來就不公平，而且「公平」是非常主觀的感受，不能客觀衡量，但是父母可以做到的是「盡量公平」，至少讓孩子看到家長的用心。

家長通常會在無意間增加孩子的「不公平」感，像是要大一點的孩子「禮讓」小一點的孩子。孩子都需要父母的獨特關注，因此這樣的方式會讓孩子的感受更糟糕，也可能在家長沒注意時「偷偷地」欺負受寵的孩子。孩子有爭端時，要讓雙方都有機會說出自己「那方」的故事，家長在充分了解之後，再做適當的仲裁，不要以「大讓小」為唯一標準。

當然，年紀較長的孩子也可以將他／她納進來，讓他們可以發揮年長子女的優勢，像是告訴哥哥／姊姊說：「以前是爸爸媽媽照顧弟弟／妹妹，現在弟弟／妹妹多了哥哥／姊姊來幫忙，他／她好幸福！」有時候讓孩子覺得自己很「特殊」，也是弭平不公平的一種方式。偶而與每個孩子單獨約會，或是私底下告訴他／她「只有他／她才有，不要告訴別人」，也會讓孩子感受到自己被愛、被特殊對待。當孩子了解到家長知道他的感受，就比較不會在乎偶而的「不公平」。

有位小學二年級的男生，因為感覺妹妹與他爭寵，而大人又似乎不了解他，開始在學校亂發脾氣，甚至出手打人，家長於是來求助。我請媽媽告訴他：「以前媽媽生你的時候，只有我和爸爸照顧你，現在妹妹出生，多了一個哥哥照顧她，真是好棒的事！媽媽也謝謝你的幫忙。」結果小男生接下來就很樂意協助了，因為他感受到身為哥哥的榮耀與責任。

25

認錯

——做父母的，不應有身段問題，即使犯了錯，也要做適時道歉與彌補，不要仗恃父母的身分，執意文過或是硬拗。

有學生在作業中告訴我，上回的某個事件中誤解他了，我得知後，就在第二次上課前，在全班面前向他道歉，請他原諒我的疏忽。事後，那位學生說：「我很驚訝，我以為老師不會道歉。」我回應：「老師是凡人，也會犯錯，犯錯就應該道歉。」向別人認錯，並不是什麼了不起的事，也沒有所謂的「面子」問題，反正做錯就做錯了，先承認，然後想辦法彌補或修正就是了。我對於自己所犯的錯誤是如此，對於他人的錯誤也一樣。

我們同事間偶而會交換對學生學習情況的觀察，那一回，我提到某班學生的學習態度不佳，很不想去上這一班的課，沒想到這一段話就被這位同事當作「閒話」傳了出去，而且還是當著那班同學的面前說，於是有些學生就來我這裡求證，讓我後來與該班的關係變得有點尷尬。

有一回，我從學生那裡得知，有位同事將我們的對話講了出去，當時我很生氣，認為他沒有遵守同事之間的默契與忠誠度，於是就打電話給他，有點開玩笑地問：「你是不是欠我一個道歉？」不料那位同事回應：「我說的是事實啊！」我說：「即便是事實，但有些話就是不能讓學生知道，不是嗎？我也沒有把你對學生的抱怨說出去，不是嗎？」他後來很生氣地掛了電話。我其實只是要他認錯而已，卻沒有從他那裡聽到任何道歉的話，而我也明白以後與他對話都要特別小心。

我常常告訴學生：「不要文過，不要粉飾太平。」鼓勵他們說實話，是因為說實話比較沒有負擔，也對得起自己；但是，說實話不一定是「傷人」的「直話」，即便實話也可以「婉說」。學生正在學習的階段，本來就會犯錯，只要承認錯誤，接著就可以有改善的機會，倘若連最初的「認錯」都無法做到，更遑論改過了。我自己也是一介凡人，當然會犯錯，我除了自己從中學習外，也願意將之前犯過錯誤所學到的教訓與智慧，與「後學者」分享，讓他們少走一些錯誤的路。

我不怕承認錯誤的習慣，主要是來自老爸的身教。老爸在我上小學四年級時，就告訴我，他不會解我的數學題，要我去請教老師。老爸願意承認自己的「不行」，反而讓我更願意去請教別人，也開啟了我更廣闊的視野。後來，我讀到孔子說：「子入太廟每事問。」才領悟到：原來大人物也會請教他人一些自己不懂的事，更何況我這個平凡老百姓呢？

給家長的話

有人說：「換了位置，就換了腦袋。」我也曾以這句話來提醒家長。家長有時候求好心切，會以較嚴格的標準要求孩子。曾經有一位家長勉勵小學二年級的兒子說：「以後你要讀博士、超博士！」兒子輕描淡寫地回他一句：「你有嗎？」他就尷尬地閉了嘴。

雖然在孩子心目中，父母是偉大而神聖的，可是父母也是人，也會犯錯，有時候在要求孩子之前，要先省思一下自己是不是可以做到，不要用兩套標準——一套給自己，一套給孩子。有位家長告訴我，她的兒子「脾氣控管有問題」，我便問：「妳的情緒控管如何？」她愣了一下，不好意思地笑道：「哈哈，也不好。」於是我們開始討論如何管理自己的情緒。

孩子是很好的觀察家，只要家長以身作則，孩子都會學習。做父母的，不應有身段問題，即使犯了錯，也要做適時道歉與彌補，不要仗恃父母的身分，執意文過或是硬拗，孩子會瞧不起父母，也不再相信父母，甚至學會不誠實。

孩子會將在家裡所學的行為與態度，反映在外面的生活裡。因此，當我們看到孩子有情緒控管的問題，或是容易出手打人，就會推估其家中的情況是否也如此。孩子以家長為榜樣，家長怎麼做，孩子也會如法炮製。暴力家庭中，因為只出現一種解決問題的方式（暴力），孩子沒有其他解決方式可供參考，就容易「延續下去」，倘若我們可以提供暴力之外的問題解決方法，孩子在遇到問題時，就會去思考、判斷與運用適當的處理方法，而不會只採用不適當的暴力去處理。

26

優先次序

——「優先次序」的安排，需要有「判斷」的智慧及「自律」的能力，搭配起來才會成功；沒有前者，無法做優先順序的安排，而後者則是攸關事情的完成速度與品質。

每天，我手上都有一張紙條，上面寫著今天要完成的大小事，只要完成一項，我就會打勾。通常要完成上面所列的所有項目並不容易，因為常常有許多突發的其他事項必須去完成，然而這樣的習慣讓我比較不容易忘記重要的待辦事務。學生看到我的這一張紙條，偶而也會好奇，我便將我的時間安排方式傳授給他們。我常常告訴學生「應該」與「喜歡」要有優先次序，這樣子時間安排就比較充裕，因為當我們先做完「應該做」的事，就能為「喜歡做」的事爭取更多的時間，也不會因此而延誤了該做的責任。

我發現，時間管理越佳者，課業與其他方面的表現都極優。有位朋友很有趣，在運用了我建議的方式之後，他說：「我連那張紙都忘了帶。」所以效果不彰。也許每個人都有適合自己的時間管理方式吧。

當然，生活中總會有一些額外或無預期的事件發生，必須立即處理，因此這樣的優先次序安排只是一種暫定行程，還需要彈性地運用。每天回到家後，展開這張紙條，我可以清楚知道自己完成了哪些事，還剩下哪些待辦事項，並將其列入接下來的行程。其實在檢視這張紙條時，也會因為那些已完成的事而萌生一些成就感。當然，光是安排「應該做」的事，生活會很無趣，因此我也會安排一些自己「喜歡做」的事，做為酬賞。

以前放寒暑假時，老爸都要我們「先把該做的事做好，再去玩」，真正遵守的大概只有二妹、小妹與我，我們會在放假的頭幾天就把大部分的作業寫完，不像其他手足在快開學前才焦急緊張，甚至呼天喊地。從小學三年級開始，老爸就規定我在考試前三天開始做準備，而且是先複習後考的科目，這樣循序漸進，我也養成了這樣的習慣。上國中後，我自己就會規定在考前一週開始複習，到了高中依然如此，因此我從來沒有「臨時抱佛腳」的習慣。

老爸說：「把該做的事先做完，心理上比較不會有負擔。」的確也是，因為只要先安排好，就可以不慌不忙地完成該做的事。把這樣的觀念運用在平日的許多事務安排上，真的非常實用，連我自己所做的研究也是如此。後來，我還學到「一天做一點點，就不會在原地踏步」的道理，即便工程浩大，只要願意每天做一些，再難的工作也可以完成。

給家長的話

每個人都喜歡做自己想做的事，這是天性，但人生還有許多「應該做」的事，所以就需要有優先次序的安排。偶而人也會有玩心，但只要明白哪些事必須要先完成，就不會耽擱得太嚴重。

學生們都會有一個「理想時間分配表」，常常要做的事很多，卻不一定會按照重要次序做完，所以很多該做的事就被拖沓下來，往往是在時間最急迫的情況下完成，然後對自己的成品有許多的不滿與抱怨。「優先次序」的安排，每個人可能不同，然而這方面的能力與智慧得要長期的訓練，不僅需要「判斷」的智慧，還需要有「自律」的能力，這樣的搭配才會成功；沒有前者，無法做優先順序的安排，而後者則是攸關事情的完成速度與品質。

教育心理學有個著名的實驗：讓一群孩子進入遊戲

室等待，事先告訴他們，裡面的玩具都可以玩，但如果小朋友願意等待，那麼酬賞的糖果就會加倍。於是實驗者觀察到，有些小朋友什麼也不管地就去玩玩具，有些會按捺住，撐到實驗者進來。十年後，為這兩組小朋友做智商測驗，發現願意等待的孩子較不衝動，智商也較高。孩子的衝動是可以做適當控制的，「延宕滿足」是其中一種，也就是可以測試孩子的忍耐與自律程度，通常「延宕滿足」分數較高者，承受失敗的耐力更強，換句話說就是成功機會越高。

我看到許多家長因為面子問題，常常為了制止孩子哭鬧而馬上妥協，這樣就「著了孩子的道」，下一回孩子還是會故技重施，因為孩子知道父母是「沒有原則」的。在教育孩子時，有時候要堅守自己的既定原則，有時候則可以放寬，至少讓孩子知道家長是有底線的。若能讓孩子學會自律能力，先將該盡的責任完成，再去做自己想做的事，至少心不會有掛礙，也輕鬆多了。

27

解決問題

——當我們碰到不可預期的情況時，第一個反應就是哭，但老爸不會只是放任我們哭而已，他會進一步問：「接下來你／妳要怎麼做？」。

有位父親替小學一年級的兒子買了需要自己組裝的玩具，但他一看到是英文說明書時，就非常生氣地說：「退回去！退回去！」我當時在現場，就對那位小一生說：「沒關係，還有圖可以看，我們來試試。」沒幾分鐘就組裝完畢，小男生已經開始瘋狂玩賽車了。

當家裡有家具或是電器、水箱故障時，我們不是先打電話叫人來修理，而是自己去看一看有沒有可以解決的方式。我們家的電燈、紗門、紗窗，也都是自己替換及更新的，只要去器材行買對用品就可以了。上一回，小妹家有老鼠侵入，媽媽和我就想了許多法子來試圖解決問題，最後與鼠類搏鬥了幾個星期，終於宣告滅鼠任務成功。

有一次，我與小妹一家要從汐止搭車回臺北，當時上車時有幾位「好心」的中年男士協助孩子們上車，我們當然很感激、忙著道謝；結果車子往前開時，小妹才發現自己的錢包等物品已經被扒竊一空，因為錢包內有翌日出國時要用的信用卡與外幣等，當下她就大叫，媽媽聽了也開罵，彼此怪罪對方不小心，太輕易接受他人的協助，結果卻遇上了扒竊集團。但是這樣吵鬧對於問題的解決一點幫助也沒有，我便要大家冷靜，帶著大家在下一站下車，馬上去警局報案，同時處理信用卡止付事宜，幸好後來只是損失了幾千元人民幣。

前幾年，系上邀請一位日本老年專家來演說，當時的場地一下子湧入超乎想像的人潮，有些沒有座位的學生就席地而坐，還有人站在走道上，現場亂成一團。我見此狀，馬上發動學生去找椅子，然後以接力方式擺好座椅，在演說開始前將大家安頓好。後來有同事過來跟我說：「謝謝幫忙。」我說：「我只是努力解決問題而已。」

有研究生上研究法的課，他們說：「老師要我們與目前所做的專題做結合，試著做量的研究，所以我們都要改題目。」我聽了一陣愕然：「可以一魚兩吃，不需要換題目啊！你們可以先以測驗或量表的方式進行，另一方面還可以持續你們原先要採用的質性研究。」我很訝異的是：為何學生是以這樣的方式來解決問題？好像只有一種解決方法，除此之外就沒有其他選項。學生聽了我進一步的解釋之後，才恍然大悟。

小時候，家中手足眾多，父母又忙著生計，幾乎是以「放牛吃草」的方式讓我們自己行動，也感謝當時的淳樸民風與良好治安，讓我們得以平安長大。我們許多解決問題的能力，都是從找吃的與發想新遊戲而來。小時候，我們沒有零用錢，就會自己去找吃的，舉凡田間或河裡，都可以找到食物，像是泥鰍、蚱蜢、蜂蛹，或是番薯、野莓等，偶而還可以用配給的麵粉炒成麵茶來吃。有時候去巡鐵軌或是廢棄物堆放處，還能找到鐵器或是銅器，可以拿去給攤販，換購成麥芽糖或餅乾。我們還會替鄰居剝花生賺點零錢，通常是以一杯計價（一毛），可是隔壁的姨婆很吝嗇，只要不剝滿一杯，就不算數，而且還會順手把花生倒入桶子裡，要我們重來。我們當時覺得委屈、不公平，但是又能拿她如何？小學同學中，有人家裡是開雜貨鋪的，我當時就很羨慕，甚至希望被收養成為他們家的孩子；還有一位男同學家開汽水工廠，我們都很羨慕他喝汽水不用錢。當然，這都是孩子天真的想法。

在其他方面，也可以展現我們的無限創意與解決問題的能力。有一次，大妹把車鑰匙弄丟了，她就拿了修溜冰鞋的鉗子去開鎖，竟然很容易就撬開了。我們看到附近人家買了溜冰鞋，就用過年的壓歲錢湊起來也買了一雙，只是六個人要共用一雙鞋，的確不容易，然而我們還是按照「老規矩」，用「輪流的」；溜冰的技術也是自己研發及練習，反正摔多了就學會了。不過，因為六個人的腳長度不同，常常要調來調去，很浪費時間，所以後來就達成協議：讓腳長度相同的安排在前後順序溜，就省了調整的時間。

寫寒暑假作業時，我們也是以這樣的團隊合作方式完成，因為總是有些人玩瘋了，直到開學前一天才在擔憂作業還沒寫的問題，我只好依據每個人的「專長」來分配工作。像是大妹的美術較佳，她就負責美勞；二妹寫字較漂亮，就負責書寫的部分；我則是念日記的內容給弟妹們抄寫，手上還要寫書法。當然，這只是協助作業

完成的團隊合作，每個人份內的事還是得自己負責。

有一次，我們四姊妹想要買新鞋，但是手邊全部的錢只夠買一雙。於是，我們就一起到鞋店看鞋，等大家都選好了，就走出店外，商量要先買誰的鞋。店主人很好奇我們在商量什麼，就走過來問，我們如實以告，她就說：「我看妳們姊妹的感情很好，一定會算便宜一點。」我忘了當時是買誰的鞋，但是這樣的溫暖人情，我們都謹記在心，並感謝這些善待我們的人。

我到美國後第一次返臺時，飛機上有許多是去美國探望子女的家長。當時，飛機因為機械問題，本來就晚了幾小時起飛，後來因為桃園機場關門了，我們搭乘的西北航空飛機就抵達日本成田機場停留一夜，但是機場人員卻將我們依照護照分成兩組（臺灣組與美國組）。美國組很快就有巴士前來接往旅館，我們臺灣這一組卻遲遲等不到人安排。我便直接去找櫃檯人員詢問，那些伯伯嬸嬸們看到了也急著跟過來；與我對話的日本女士說話很不客氣，要我們繼續等，我就語氣憤怒地要求，不一會兒就有車來接我們。一到旅館，我簡直成為臺灣團的領隊，負責一切接洽的窗口，包括了解航空公司提供的透過總機免費打一通電話、翌日何時啟程等等。第二天清晨結帳時，結帳員要一位伯伯繳交電話費，硬說他打了兩通電話。那是我替他打的電話，當然很清楚狀況。「你們說打一通，那一通必須接通，對不對？許多乘客的親友都去機場接機了，當然不在家，所以儘管打了兩通，事實上只有一通接通，不是嗎？」這一次的經驗，讓我充分體會到國家尊嚴與被對待的方式，每一個人都應負起責任。

碰到問題就要想辦法解決，也是老爸訓練我們的能力。他常常要為孩子的無厘頭或是粗心所犯下的錯誤來收拾善後，因此養成了「處變不驚」的態度。像是大妹常常會忘了把功課帶回家做，而且經常是在晚上要寫功課時才想起來，老爸就要載著她回到學校去拿功課。當我們碰到不可預期的情況時，第一個反應就是哭，但老爸不會只是放任我們哭而已，他會進一步問：「接下來你／妳要怎麼做？」我們在淚水還在臉上時，就要擠破腦袋去思考：「然後呢？」到現在，家人若遭遇到什麼疑難問題或困境，也會打電話互相商議，也許多一個人思考，可以想出較佳的問題解決方式。後來，我從事諮商助人工作，得到的結論是「人生就是解決問題的過程」，因此不管解決的程度如何，都讓我們可以學習到更多能力，也更有自信。

給家長的話

家長們可以留給孩子的最佳資產就是教育與能力，其中最重要的就是解決問題的能力。現在有許多家長對於孩子的事都是「事必躬親」、親力親為，搶著在孩子行動之前就替孩子做好，但這樣卻會養成孩子什麼都不會的習慣，甚至失去好奇與嘗試的動力（反正有人替我做的心態），以後進入社會，也只是一個無能的人，對社會大眾沒有貢獻。

現在孩子接觸的資訊過多，視許多驚悚的事物為當然，因此也抹煞了許多的「好奇」。有位在國立大學擔任教職的朋友，有一天下課時，看到有七、八成學生走出教室時都低著頭滑手機，那個畫面既驚悚又真實，他很感慨地說：「以後他們是不是也以手機治國呢？」連生活中碰到的許多問題，都可以上網去找答案或解決方式的今天，我們要期待孩子自行尋找解決之道，的確需要費一番功夫。

年輕一代對於我們問「為什麼」的回應，通常是想也不想就說「不知道」，似乎也認為我們的問題「不重要」，因此不願意費神去思考。不要因為孩子這樣的態度就放棄，而是要繼續追根究底，培養他們去思考與行動的習慣，也要抽時間與孩子一起完成一些事物或活動，親子共學可以加深親密感，也彼此學習。

其實，家長替孩子完成他們應該做的事時，也在傳達一個訊息：孩子是無能的。在許多事物上，家長要先做示範、教導，接著從旁監督，讓孩子可以從中獲得樂趣與解決能力，他們也會因此對自己更有自信。

28
不體罰

——在施行處罰之前，要讓孩子有機會說自己的故事，然後向他／她解釋處罰的原因，這樣的過程比較容易讓孩子了解處罰的真正目的——希望孩子有所改善。

我不體罰學生，因為我不相信體罰的功效，但是我會運用「剝奪特權」的方式來替代，成效一樣好。之前我在國高中教書時，常常對學生有許多期許，而以前的學生似乎也比較喜歡被期許，因此教學讓我覺得很有成就感。所以我採用「獎勵」的機會很多；只要學生願意學習、有進步，我就會贈送字典、書籍，或是一些文具。

從我有記憶以來，在求學階段曾經受過幾次體罰。小學六年級時，老師要我在月考完後留下來改考卷，改完考卷已經快五點了，弟弟妹妹們都在我的教室外面，等候我要一起回家，因此當老師要求我上臺去抄第二天給同學的國語作業時，我就不願意做，自己留在座位上，慢慢整理書包。導師等了一段時間，發現我沒有動作，於是就限令「三分鐘以內到前面來」，我雖然因為這個威脅而緊張，但也極不情願，後來可能是超過三分鐘後才往前走，老師就當場給我一個巴掌。那時教室裡只有老師跟我，所以誰也不知道發生了什麼事。我當下愣在那裡，眼淚直流。回家後，我也沒有告訴爸媽，但之後我對於這位老師就敬而遠之。等到我上了大學，有一天，老爸說他在路上碰到我小六時的老師，向他提及這一次的「巴掌事件」並道歉，老爸還問我說：「妳怎麼都沒有告訴我？」

國一之前，我不像其他同學那樣上過補習班，所以是上了國中之後才開始學英文。但是我們的級任老師就是英文老師，對我們有極高的期待，上課不久就要求同學們要背書。我那時連英文字母都還不認得幾個，單字也都是死背強記，加上班上人數有近五十個，所以也懷抱著僥倖的心理，以為自己不會這麼倒楣被抽中。可是好死不死，第二週就被抽到，我當然無法背誦出來，就被老師罰站了一堂課，當時我很恨老師，認為她沒給我面子。後來暑假時，老師懷孕了，還是為我們上課後輔導，那時我看到她一直在擦汗，腳部也因為懷孕而浮腫，卻不肯坐下來略做休息，我那時就有很

奇妙的感受，終於知道那是自己該負的責任，不應該怪罪老師，從此我的英文就慢慢有了起色。另外，國中的生物老師要求我們很多，滿分少兩分也會被打，所以我常常吃「藤條」，當然對這位老師也不會有好印象。後來我擔任教學工作，最不願意做的事就是「體罰」，因為我知道這只會增加師生間的憎恨而已。

老爸從不體罰我們，唯一一次就是偷拆別人送給祖父的禮品那一次。他在處罰之前，也先明白告訴我們為什麼要被打的理由，因為之前已經說過許多次，不是沒有預警。我小學中年級的級任孫老師，作法也跟老爸一樣，他在處罰之前，會先蹲在同學面前，告訴他哪裡做錯了，然後才輕輕用塑膠尺打同學的手心。我們記得他的溫柔，所以不會計較他對我們的懲罰。

「不懲罰」當然是消極的作為，更積極的作法就是「鼓勵」與「獎勵」。老爸對於孩子們的成就不會向外誇耀，但是私底下會對我們說：「老爸真是太高興了！」或是「我的鼻子高起來了！」表示他以我們為榮的意思。高三聯考後，因為我到臺北參加電信特考，就由老爸到學校去拿我的成績單。結果那一天，他到教務處去，一進門表明自己的身分，主任就一路歡歡喜喜地迎將過來，還一直說：「好爸爸、好爸爸。」老爸當場覺得不好意思，接著教務處裡的其他老師也走過來向老爸道賀，老爸一下子成了大人物。等我回到家，老爸就向我描述當天去學校的情景，他非常歡喜地說：「我的鼻子高起來了！」那是我第一次感受到自己可以讓父母榮耀的成就感。

在我的教學生涯中，只使用過兩次體罰。有一次是第一年在國中教書時，因為學生在「榮譽考試」裡作弊，我便告訴教務主任，我要重新出題。當時是「大五」實習的那一年，實習成績操縱在督導教務主任手裡，但是我認為教育最重要的是「人格教育」，因此不願意讓步。後來我就根據學生第二次與第一次成績的差距來處罰，我是用自己的手掌打學生的手心，一場處罰下來，我雙手紅腫，過了好幾個星期才消；下一堂課，我語重心長地告訴學生：「成績不是永遠的，但是人格誠實是一輩子的，我希望同學記取這個教訓。」

還有一次是在私校任教時，我的不處罰政策無法讓學生的成績進步（因為學生都去準備「會打人」的科目了），教務主任還威脅我說：「要是學生的成績沒有進步，妳就走人！」我只好狠下心來打學生，但我還是不願意這樣折損學生的學習動機，體罰就僅此一次。

我習慣以鼓勵的方式來獎勵學生，我的獎勵不只是前三名而已，因為我知道學生的資質與努力程度參差不齊，不能夠以同一個標準來評量，所以我要學生跟自己比較，只要他們上課的態度或是成績與作業有進步，我就會給獎品（通常是書與字典），我還會自己製作獎勵卡，集五點可以換一份獎品，點數也可以持續累積，換更大的獎品。

我認為體罰是無效的，只是暫時遏止了該行為，卻沒有真正消除那個行為。每個人有被認可的需求，獎勵就是在告訴對方，我們看到了她／他的強勢或優點，這樣的動作就具有相當大的能量，也可以讓對方對自己更有信心。

給家長的話

孩子在遭受體罰時，很少去思考家長背後的善意，往往將體罰解讀為：自己不好、不被喜歡，爸媽不喜歡我。在施行處罰之前，要讓孩子有機會說自己的故事，然後向他／她解釋處罰的原因，這樣的過程比較容易讓孩子了解處罰的真正目的——不是因為他／她不好，而是希望孩子有所改善。

再者，不要讓孩子認為自己因為一個錯誤的行為而「變成」一個「不好的人」，要將孩子所犯的錯誤「行為」與孩子「這個人」做切割，這樣孩子才不會被標籤、汙名化，認為自己永遠無法改善。因此，當孩子犯錯時，要給他／她第二次機會做修正，不要一次就要求完美，畢竟家長本身也不是完美的，不宜這樣要求孩子一次就做對。

許多時候，不要以為口頭說明後，孩子就懂得該怎麼做，因為孩子的認知發展尚未成熟，有時候又害怕父母的權威，因此不敢發問或質疑，於是就用他們認為的正確方式去做，萬一做錯了，家長又大發雷霆。因此，要先示範正確動作或作法，必要時先帶著孩子做做看，等到孩子學會了，再讓他／她去嘗試，如此一來，孩子能學會正確的作法，經過指導與練習後，也會更具信心，就不容易犯錯。

29

看世界

——若希望孩子願意踏出去看世界，家長一定要先帶著他們走出去，不管是去附近的商店、公園或學校也好，甚至是去百貨公司逛逛櫥窗、看路人，都會有不錯的收穫。

我喜歡搭車到一個新的地方，然後去體驗新的人事物。在美國求學時，我曾經發願，只要一畢業，就雇司機開車，帶我去瀏覽風景，可惜沒有財力去履行。二十年前回到花蓮時，我發現許多事物都變了，特別是以前走路到學校都要花上半個小時，現在卻只花了十分鐘就走完；抬頭看見山竟然在家附近，怎麼以前都沒有發覺？這才發現，小時候看到的世界似乎狹隘許多。

我喜歡去看不同的景物，也不會害怕一個人旅遊或獨處，因為有老爸在前面領軍，我就有自信做適度的探險。

有人說，父親的角色就是要帶孩子去看世界。老爸雖然是日制高中畢業，但他的教育中卻沒有軍閥的威權，反而有許多的溫柔。只要父親週日有空，我們就會舉家去逛街。六個孩子加上兩個大人，一輛腳踏車上滿滿都是孩子：前後座是小妹與么弟，左邊踏板上是老三

或老四，大一點的孩子就跟在旁邊。我們的逛街很簡單，就是從家裡走到街上，老爸會指著高樓要我們數層數，看到新鮮的玩具會帶我們研究，只要有新奇、不一樣的事物，他都不願意放過。當然我們的「最終目標」還是吃，最後會逛到「溝仔尾」，享受一頓熱食與冰品。

以前老爸還騎機車時，每次都會輪流帶三個孩子去港口看大船。後來，因為有同事出了嚴重車禍，老爸就不再騎機車。那時候的花蓮港生意與隆，有不少外國的貨櫃船停泊。老爸也會帶我們去機場看飛機的降落與起飛，那時候我們對於龐大的機身可以飛上天都感到驚訝不已。

除了帶我們出去看世界，老爸也會要我們請同學來家裡做功課或玩耍，那時候我也不清楚我們家其實很「窮」。在我升上四年級之前，我們家都還是茅草屋，後來是祖父用他的退休金蓋了現在的水泥房子。其實我比較喜歡去其他同學家，因為有些同學家境富裕，只要去他們家做功課，其父母就會招待我吃好吃的，有多的我就可以拿回家來。我四年級的同學中，有兩位的父親是警察，都會做很棒的麵食，所以我最常到他們家去。另一位同學的母親是學校老師，我曾也受邀到她家去看書，後來被她家的新式馬桶給嚇壞了，趕快跑回家「解決」。

我們小時候也會跟同伴們一起去做適度的冒險，只要跟家長說要去哪裡，就沒有問題。我們唯一會瞞著家人的，就是去大河邊游泳，那時候的孩子們很天真，以為游泳可以自己學會，於是就結伴去河邊玩耍，直到有一回其中一位差點被漩渦捲走，才露了餡。

我們最常到附近的一家雜貨店租漫畫，有位同伴竟然將書裡的事信以為真，決定到山上去拜師學藝，失蹤了一天才被家人找到。接著，我們就開始將漫畫書裡的「功夫」拿到現實生活中，先是練習「輕功」，從矮牆上一躍而下，後來慢慢增加高度，有一次鄰居家的大人看見我們竟然要從屋頂往下跳，才發現事態不對，趕緊處理。後來，我們慢慢長大，可以去的地方就更遠了，只要有腳踏車，公園、港口、機場幾乎無處不到，我們也會大的帶小的，去開拓不同的新場所。

之前，老爸每年會固定到臺北過年，他喜歡在我們上班時，一個人去淡水的山上散步，每每發現新的風景與路徑，都會跟我們分享，甚至帶著我們去探險。老爸養成的這個習慣，我還持續做著。我喜歡去不同的地方，甚至是繞不同的路到同樣的地方，那麼我就可以看到不同的風景、人、事、物，讓每一天的生活都很豐富。

給家長的話

爸爸是帶孩子去看世界的人，因此也會拓展孩子的視野與知識，而母親的職責與功能就略有不同。母親是滋養、保護的角色，在許多時候也是「踩剎車」的那個人。父親會開發孩子的情緒範疇與種類，而母親則是教會孩子如何控制情緒，父母各司其職，孩子就會有很好的發展。當然，現在父母的分工已經不是這麼清楚，雙方都可以協助拓展孩子的視野，可行的方式不僅是走出家門而已，還有閱讀與體驗。

以前臺大校長陳維昭的兒子讀高中時，每一次回家的時間都不一樣，母親便問起原因，他就說每天走不同的路，所以回家的時間就拿捏不準。不管孩子是男性還是女性，讓他們有出外探險、見世面的機會，不只可以拓展經驗、培養膽識，也可以因為見識到不同的人事物，學習到許多意想不到的知識與見聞，進而對不同的事物較能寬容與悅納。

現在有太多孩子流連網咖或是電腦、手機，少了許多面對真實世界的機會，視野變得狹隘，甚至會害怕與外面的世界接觸，結果就越縮回殼子裡。有研究指出，臺灣孩子有八成近視，主要就是因為生活圈狹隘，要不然就是只接觸到市內的近距離空間，自然會影響視力的健康。

若希望孩子願意踏出去看世界，家長一定要先帶著他們走出去，不管是去附近的商店、公園或學校也好，甚至是去百貨公司逛逛櫥窗、看路人，都會有不錯的收穫。先前，有個父親趁暑假帶著孩子徒步環島的新聞，不僅是帶孩子看世界，同時也磨練了孩子的心性，更重要的是讓父子關係更加親密。

30

相信

——*讓孩子學習信任自己，他／她就有動力去做自己想做的事，實現自己的夢想，比較不容易被挫敗打倒。讓孩子學習信任他人，也要知道如何做明智的判斷，那麼他／她就比較有能力處理人際關係。*

以前曾有朋友笑我說：「沒有人像妳這樣相信人的。」因為基本上我會把一個人所說的話都當真的。有一回，我聽到一位電臺主持人說：「廣告回來，教大家一招，如果菜煮得太鹹了，該怎麼辦？」我還真的等了幾分鐘的廣告時間過去，結果主持人說的那一招是：「加水就好啦！」真是令人錯愕。

另一次是在美國俄亥俄州讀書時，我到學校的郵局寄信，郵局人員就用舌頭舔濕來彌封我的信封，我便問：「那不是有毒嗎？」她哈哈大笑，說：「妳昨天看了《歡樂單身派對》（*Sinfeld*，是一齣情境喜劇），是不是？」我點頭，因為昨天那一集剛好演到吝嗇的史提夫買了便宜的膠水來黏貼要寄出的喜帖，結果未婚妻因此中毒死亡。「那是戲劇效果，不是真的！」那位職員說。

與他人互動時，我不打誑語，但這不會讓我失去幽默感。做得到的事，我會應允，不會因為面子或是敷衍而硬是接下來，堅持所謂「言必信，行必果」的道理。學生也知道我「說了算」，因此很少跟我斤斤計較或是唬弄我，這是我行事作風嚴肅與謹慎的一面。

曾經有一位肢障朋友對我說：「老師，妳是第一個相信我的能力的人。」我回應：「我相信日後會有更多人相信且看見妳的能力。」一位碩三學生選擇去醫療院所實習，接受許多考驗，在其他老師都不看好的情況下，完成了一年的辛苦實習，後來她寫一張卡片給我，謝謝我相信她，讓她可以對自己的決定無怨無悔。我回信給她：「那是因為妳對自己的自信，不是因為我。」

我會相信別人說的話都是真的，基本上很相信他人，是因為老爸就是一個說一是一的人。我很相信老爸，不僅因為他是我老爸，而是他不隨便做承諾，答應的事一定會做到。我的學生很相信我，他們知道我說出的話不會打折扣，如果有學生無法做到我所說的，也只好拉倒。每學期上第一堂課時，我就會與學生商議評分標準，做若干的妥協，也告訴學生，我為什麼要求做哪些作業，作業的目的又是為何。這樣子彼此可以有互信基礎，上起課來也更愉快。我認為教學大綱是一個契約，必須要師生共同妥協出一個彼此都可以同意的條件，執行起來才有意義。有一回，我要學生在上面簽名，沒想到竟然有學生卻步，許多人退選，而這樣也正好留下了真正想要學習的人。

老爸的信任給我很大的力量，我也認為誠信是一個人最基本的道德，因此我都是以相信他人為先。當然，若事後我發現此人不可信，以後要再相信此人就很難了。我也認為誠信要建立很難，但是要破壞卻相當容易。

給家長的話

在孩子年紀還小時，不容易被大人信任，這一點其實很傷孩子的心。我的一位朋友為了測試附近的自助餐店對孩子的態度是不是比較和善，就請兒子去自助餐店買餐點，結果發現附近十三家自助餐店，只有三家會按照顧客的排隊順序結帳，給孩子適當的尊重。

孩子會因為成人的威權而擔心害怕，偶而也不敢說實話，但是成人的「相信」會讓他們長力量，也對自己更具信心。

有時候，家裡的孩子們發生爭執，父母可能會相信其中一位的說法，較不相信另一位。這時，不妨個別與孩子談話，讓他們都有機會表達自己的想法，這樣的「相信」會讓孩子了解父母是公平的，願意聽自己說，同時也是信任自己的。「信任」給孩子很大的勇氣，也會相信自己；不被相信的孩子，會對自己沒有信心，甚至也較難相信他人。

我與孩子做諮商時，發現許多孩子因為沒有得到父母的信任，而覺得自己沒有價值或不被喜愛。讓孩子學習信任自己，他／她就有動力去做自己想做的事，實現自己的夢想，比較不容易被挫敗打倒。讓孩子學習信任他人，也要知道如何做明智的判斷，那麼他／她就比較有能力處理人際關係，人生路上不會寂寞。選擇相信孩子，先聽聽他／她的故事，把自己的成見及喜惡先擱置在一旁，就可以用不同的觀點和態度，來與孩子互動，孩子感受到家長的真誠、信賴，會更願意坦誠以對。

31
感恩

——孩子會從感謝他人的行為中，感受到人群是互助的道理，讓自己更謙虛；孩子也會從他人的感謝裡，了解到自己是有能力與價值的，所作所為是有意義的。

這一天，我去超市購物，結帳時，聽到結帳員與另一位同事分享一個事件，說一位老先生結帳時需付九十一元，但是他就「魯」說，少一塊錢又沒有關係。結帳員告訴他，這不是他能決定的，但是老先生依然不願退讓，後來是在場一位小男生願意替這位老伯出一塊錢，結帳員還好心提醒：「阿伯，是這位弟弟替你付一塊錢的，你是不是應該跟他說謝謝？」結果阿伯只是「哦」了一聲就離開。我加入話題：「這是很重要的教育。」結帳員說：「我只是覺得該做的就要做，不應該把很多事視為理所當然。」這位可能是八年級生的結帳員，應該是一位自律又懂得欣賞與感激的人，才會有這樣的反應。

臺北捷運隨機殺人事件的鄭捷說，自小就想要成就一番「大事業」，誰也沒料到是這般恐怖的殺人事件。有媒體開始回溯與剖析他的成長經驗，發現他父母也是

努力工作的人。鄭捷自小課業不錯，但是考上國防大學之後被退學，也許就是遭逢了人生的第一個挫敗，以往以學業為自信來源的他，頓失價值感，而有了報復的念頭。

有人提及現在網路世代的孩子，物質生活也豐富無虞，自我感覺良好，相對地將這些視為理所當然，表現出來的就是不知感恩與無感（無同理心）。「不知感激」就不會珍惜，而「無感」其實就是人際關係不良，甚或犯罪的可能原因。

我們小時候經濟不富裕，連豬油拌飯都沒有，最常吃的是有許多番薯絲的白飯，偶而會有配給的麵粉做成麵疙瘩。只要有得吃，我們就已經很感謝了。

老爸也因為子女眾多，常常去學校拜訪老師、謝謝老師，希望老師們可以協助孩子的學習，但是他沒有帶伴手禮，只有對孩子的關心，而在那個時代，這份心意已經可以感動那些老師。老師們也常常提醒我們：老爸這麼用心於孩子的教育，我們也要懂得感激。我的老師偶而會拿一些我們很少吃到的糖果請我吃，我除了帶回去與手足共享之外，也很感謝老師們的用心。

感恩，讓我知道自己享受了許多資源，因此要有所回饋。我現在可以在大學擔任教職，不是我一個人的功勞，而是父母、家人、朋友與其他我認識或不認識的人，讓我可以成為現在的樣子。如果沒有公費大學、公費留學的制度，我可能就無法成為現在的自己。我之所以可以成為一個「更好」的治療師，主要是因為我的當事人願意協助，我才能變得更專業、成熟，因此當事人是我的老師，我對他們充滿感激。我也常常告訴朋友們：我們在社會的地位越高，享受的資源越多，表示我們需要回饋的更多。他們都非常同意我的看法。

只要別人對我好一分，我通常就會回報給對方三分，這是老爸教我的「回饋之道」。老爸說，別人願意幫忙我們，我們有能力時一定要記得加倍奉還給對方。後來，我們還延伸這樣的善意到其他地方，像是讓位或是協助弱勢，不一定是回饋到當初協助我們的人身上，但是我們相信善意會傳出去，輾轉到我們的恩人身上。

我也發現自己很在乎他人是不是懂得感謝。之前提過的贈書給碩士班學生事件，讓我開始思考自己是不是「剃頭擔子一頭熱」。後來，我將收回的贈書轉送給大學部學生，他們歡喜若狂，一直說謝謝。我想，把書送給需要的人、知道感謝的人，是很重要的吧。

給家長的話

不懂得感謝的人，會讓別人覺得自己是「用熱臉去貼冷屁股」，善心好意沒有被接收。雖然這也涉及對方的修養問題，但我會先檢討自己。此外，不懂得感謝或感恩的人，也失去了下一回他人提供協助的機會。「感謝」是人際之間的基本禮貌，即便在家裡，也需要適度的禮貌與感謝，才會讓彼此之間的關係更加親密。

簡單的一句「謝謝」，不只傳達了對施予者的謝意與感激，同時也讓對方知道自己的協助是有意義與價值的，有這樣的良好互動，也能為自己鋪就很好的人脈。

孩子會從感謝他人的行為中，感受到人群是互助的道理，讓自己更謙虛；孩子也會從他人的感謝裡，了解到自己是有能力與價值的，所作所為是有意義的。助人行動讓孩子的生命更豐實，也對生命充滿感激。這樣的孩子心很柔軟，心地柔軟的孩子就不會做出傷害他人的事。

許多父母認為自己對孩子的付出不需要回報，所以並不重視「感激」這一塊，但這是親職教育的一部分，要從平日的家庭生活中開始培養。即便是最親密的家人，也需要有感謝、感恩等基本禮貌，這可以讓家人關係更緊密，而禮貌也是人際關係最好的潤滑劑。當然，我們也不鼓勵過度的禮貌，過度的禮貌讓人感覺不真誠、有距離，不容易與他人建立真正的情誼。

只要是真心的感謝，對方都可以感受到。感謝他人時，不一定要有回報的行動，因為有些協助是回報不來的，但是在當下把自己的感恩傳達出去是很重要的，至少把自己能「負責」的這個部分做個完結。感恩、感謝要及時，因為人生無常，有時候對方不一定等得到我們的感謝。

32

希望

——家長對於孩子的期待，孩子會接收到，這就是所謂的「期待效應」。給孩子適當的期待，也提供必要的資源與鼓勵，相信我們的下一代都會比我們更好。

老爸偶而會花五十元買一張愛國獎券，但是他沒有偏財運，偶而中一千元就已經是天大地大的好消息。以前我不太清楚老爸的想法，後來知道他是「買一個希望」。像我第一次拿得三十二名的成績單回家，老爸也沒有說我笨，只是笑道：「沒關係，還可以努力。」也許因為這種樂天性格，老爸才可以陪我們走過艱苦的歲月。我偶而也買樂透，只是沒有中大獎的命，中個五百、一千元就覺得幸運，然而這也讓我思考到：我是需要憑實力賺錢的，表示我有能力。

尼采說：「受苦的人沒有悲觀的權利。」而存在主義大師法蘭克也說：「受苦有其意義。」我們沒有想過自己的生活是痛苦的，反而心存感激，因為有好多貴人相助，誠如祖父說的「一枝草一點露，天無絕人之路」，只要保持著希望，就會有出路。

我們家的孩子從來都不會太悲觀，反而懂得在生活

中發現樂趣。如果遭遇到困境，就抱持著「反正最糟就是這樣了」的心態，因為沒有更壞的情況，就放手一搏，也許會拚出個什麼來。而在面對許多當事人的生活窘境時，我的責任之一就是「提供希望」，或是為當事人「開啟另一扇窗」。

多年前，在一個演講場合上，有一位北科大的研究生說：「前陣子，我為了一件事情，跟一位好朋友鬧得不愉快，真是傷心透了，沒想到交往這麼久的好朋友竟然會出賣我。」我回應：「恭喜你藉由一個簡單的事件就了解你的朋友。」當時他還愣了一下，說：「老師，妳怎麼這麼說？」我反問：「不是嗎？你本來不知道這位朋友是這樣的人，這個事件讓你看清了他的為人，正好給你是否維繫情誼的參考。」這位同學有些訝異地說：「妳怎麼會這麼樂觀？」我想，我們在看許多事情時，容易被私心或偏見所蒙蔽，甚至因為受心情的影響而看不到希望，可是只要願意退一步想，其實就出現了更多的可能性供我們選擇。

學生在失戀或分手後，總是花許多時間來批判及怪罪自己，我都鼓勵他們：「分手就是在關係像雞肋，食之無味、棄之可惜時，如果是你／妳主動提分手，表示你／妳是睿智的人，先看清楚了對方與你們的前景無『亮』；如果你／妳是被分手的人，表示對方無法疼惜你／妳，早點離開比較好，不會遇到難堪的分手場面。」有一位學員抱怨自己「什麼都是最後」，包括大學錄取志願、升官，我回答：「好個狗屎運！你怎麼都撈到了？」他展顏而笑，因為他從來沒有這麼想過自己的幸運。

「希望」當然不能獨立存在，還得要付出相對的努力，要不然就只是「空想」，而不是「希望」。就如同英文字裡的「wish」與「hope」，前者是想望的「期許」，後者是可以實現的「希望」。

給家長的話

許多家長都苦於要怎樣期許孩子才是最好的，我們在技術層面上會說：「比孩子能發揮的能力再多一些。」但是這的確很難衡量。一般家長都希望孩子比自己更好，因此積極培養孩子的能力與實力，但是也有一些家長不一樣。以前我剛教書時，我的導師班上有一位原住民女生，功課與體育都非常好，個性也很積極、溫和，因為家裡沒有適當的空間讓她讀書與寫作業，我就陪著班上願意留下來自修的同學，讓他們可以在學校完成功課或閱讀，我也希望這位女同學可以去考當時的師專。後來我做了一次家庭訪問，把我的期待告訴家長，希望他們可以晚半個小時看電視，讓孩子有時間與空間寫作業。但是那位母親卻非常強烈地表示我「撈過界了」，她說：「我先生是鐵路局工人，我是一個賣菜的，有四個孩子要養，我拿什麼讓孩子讀高中？」

我也碰過許多勞工階級的家長，因為自己本身的緣故，不敢期待孩子表現得比自己更好，有的甚至會壓抑孩子的表現與潛能，就如同《心靈捕手》裡的威爾一樣。家長對於孩子的期待，孩子會接收到，這就是所謂的「期待效應」。但是我會以「大黃蜂」的故事打比方：大黃蜂雖然是蜂類的一種，但是因為牠體重太重、翅膀太小，根據物理學的原理是根本飛不起來的。幸好大黃蜂不懂物理學，牠認為自己既然是蜂類，那麼就應該會飛，所以牠就努力振翅高飛，其飛行速度非其他蜂類所能及。

給孩子適當的期待，也提供必要的資源與鼓勵，相信我們的下一代都會比我們更好。

國家圖書館出版品預行編目資料

傳統的年代，不傳統的老爸：專業諮商師的32堂親職教育／邱珍琬著. --初版--. --臺北市：書泉，2017.06
面；　公分
ISBN 978-986-451-085-6(平裝)
1.親職教育
528.2　　106001401

3IDL

傳統的年代，不傳統的老爸：專業諮商師的32堂親職教育

作　　者— 邱珍琬（149.29）
發 行 人— 楊榮川
總 經 理— 楊士清
副總編輯— 王俐文
責任編輯— 金明芬
封面設計— 劉好音
出 版 者— 書泉出版社
地　　址：106台北市大安區和平東路二段339號4
電　　話：(02)2705-5066　傳　　真：(02)2706-610
網　　址：http://www.wunan.com.tw
電子郵件：shuchuan@shuchuan.com.tw
劃撥帳號：01303853
戶　　名：書泉出版社
經 銷 商：朝日文化
進退貨地址：新北市中和區橋安街15巷1號7樓
TEL：(02)2249-7714　FAX：(02)2249-8715
法律顧問　林勝安律師事務所林勝安律師
出版日期　2017年6月初一刷
定　　價　新臺幣220元